河南省高校科技创新团队（18IRTSTHN018）
河南省高校科技创新人才支持计划（人文社科类）（2019-cx-012）
河南大学哲学社会科学创新团队培育计划（2019CXTD008）

A STUDY ON THE POSITIVE EFFECTS OF NEGATIVE WORD-OF-MOUTH ON CONSUMERS' ATTITUDE

网络负面口碑对消费者态度的积极影响研究

张洁梅　赫梦莹　孔维铮◎著

中国经济出版社
CHINA ECONOMIC PUBLISHING HOUSE
北京

图书在版编目（CIP）数据

网络负面口碑对消费者态度的积极影响研究 / 张洁梅，赫梦莹，孔维铮著. --北京：中国经济出版社，2019. 8

ISBN 978-7-5136-5393-0

Ⅰ. ①网… Ⅱ. ①张…②赫…③孔… Ⅲ. ①网络营销-顾客满意度-研究 Ⅳ. ①F713. 365. 2

中国版本图书馆 CIP 数据核字（2018）第 229484 号

责任编辑　贺　静
责任印制　巢新强
封面设计　华子设计

出版发行　中国经济出版社
印 刷 者　北京柏力行彩印有限公司
经 销 者　各地新华书店
开　　本　710mm×1000mm　1/16
印　　张　10. 25
字　　数　129 千字
版　　次　2019 年 8 月第 1 版
印　　次　2019 年 8 月第 1 次
定　　价　59. 00 元
广告经营许可证　京西工商广字第 8179 号

中国经济出版社 **网址** www. economyph. com **社址** 北京市东城区安定门外大街 58 号 **邮编** 100011

本版图书如存在印装质量问题，请与本社销售中心联系调换（联系电话：010-57512564）

版权所有　盗版必究（举报电话：010-57512600）

国家版权局反盗版举报中心（举报电话：12390）　　服务热线：010-57512564

前　言

互联网技术的迅速发展已经使网络成为人们生活中密不可分的一部分，同时也改变了消费者的消费行为，他们通过即时通信工具进行信息的交流和传播，在虚拟社区上发布自己的观点和看法。互联网的强大功能改变了整个社会的交流模式，传统口碑在新形势下也有了发展，网络口碑应运而生。相较于营销者的介绍，消费者一般认为口碑更具可信度。网络口碑摆脱了现实环境的束缚，传播范围更广、速度更快，能够联结到更多的消费者。网络负面口碑的传播也呈现出与以往不同的特点。

网络负面口碑越来越被认为是对营销人员具有重要战略性的问题。摆脱了现实环境的束缚，不满的个人在各种在线平台上对他们的购买经历进行抱怨，这些以互动为特征的分享方式往往呈现出裂变式传播，对品牌的不利言论也势必会出现增长趋势，有时在一种自发的状态中会形成高度瞩目的舆论中心。绝大部分企业认为只有正面口碑才会带来积极的营销效果，负面口碑只能带来消极的影响。因此，企业一味地追求正面口碑，甚至通过雇用水军和删除负面口碑等手段对口碑进行操控。这种行为不仅不利于市场正常竞争环境的维护，也会使企业的长远发展受到限制。现实中发生的一些事件（如海底捞后厨卫生事件、苹果天线门事件）显示，对于品牌的粉丝，也就是个人品牌联结（Self-Brand Connection，SBC）较高的消费者而言，他们面对品牌的负面口碑时通常表现得不那么敏感，品牌粉丝们会将其视为个人的挫败，自身会感受到同样的伤痛。品牌已经变成粉丝，粉丝已经变成品牌，他们的 SBC

已经强大到——“你就是我、我就是你”。为了保护自己，粉丝们会启动防御机制，帮助修复自我概念。因此，我们看到的结果就是，负面口碑并不总是起消极作用，对于个人品牌联结较高的消费者来说，其作用甚至可能是积极的。因此，如何引导企业正确看待负面口碑、进行长期品牌管理已成为一项重要课题。

笔者通过文献梳理发现，网络负面口碑的研究成果已较为丰富，但是国内学者对负面口碑的研究结论大多数是负面口碑会带来消极影响，其积极影响并未得到关注，一些国外学者虽然关注到了负面口碑的积极影响并尝试去解答它，但总体来说研究尚处于初级阶段。正是基于这样的背景，本书认为，品牌更像是一种人际关系，消费者对待品牌的失败就像是他们个人的失败，因为品牌被视为与自我紧密联系的一部分，根据自我控制理论，个体对行为结果的预期无法达到时，个人内心的自我概念也会遭到破坏，即“自我威胁”。个体为了保持积极的自我观点，个人品牌联结较高的个人会对品牌的失败做出防御性反应，包括相反的观点、源头克减和支持性论据三种方式。因此，尽管品牌表现不佳，但对品牌的评价却是积极的。

本书采用定性分析与定量分析相结合的方法，以自我控制理论、态度承诺理论和判断更新理论为基础理论，结合案例分析和心理学实验的研究方法，探究网络负面口碑对消费者态度的影响机制。我们从网络口碑信息接收者的角度出发，将负面口碑信息强度、负面口碑数量作为自变量，自我威胁作为中介变量，消费者的购买意愿作为因变量，个人品牌联结作为调节变量，构建研究理论模型，借助心理学实验，进行了组间的对比研究，收集了大量的样本数据并借助统计分析工具对数据进行处理，以此来了解各变量之间的关系。在此基础上，我们进行了案例研究，对所选企业进行网络负面口碑事件的剖析和原因探究，进而分析不同消费者群体对网络负面口碑的反应以及企业在负面口碑发生时的解决

之道。

首先，对相关概念进行了文献的回顾与分析，以明晰这一领域的研究成果和进展，进而提出本书研究的问题，并为后续研究提供一些借鉴。

其次，在理论研究的基础上构建了本书研究的模型并提出相应的假设，根据假设整理了负面口碑的量表并制作了问卷，可以为组间实验的数据收集提供工具。

再次，通过问卷调查收集数据，通过实地采访与在线搜集两种方式，得到了555份问卷，在剔除无效问卷后对问卷进行每组40份的抽取，共计问卷320份。然后通过数据分析，对研究假设进行了检验，得出以下研究结论：①对于个人品牌联结程度较高的消费者而言，网络负面口碑强度具有增强品牌购买意愿的违反直觉的效果。②相较于负面口碑的数量，负面口碑强度更容易让消费者产生自我威胁的感觉。③自我威胁的程度越高，消费者启动防御机制的可能性越大。④“相反的观点”和“源头克减”的防御方式对消费者的购买意愿有着正向影响，而“支持性论据”方式则会削减消费者的购买意愿。

复次，本书进行了网络负面口碑的案例研究，所选企业为海底捞，我们回顾了海底捞在2018年所发生的一次后厨卫生条件差引起的负面口碑事件，不同消费者群体在面对负面口碑时表现出了不同的态度，我们对此进行了原因分析及经验总结。

最后，本书根据目前网络负面口碑管理方面存在的问题给出了一些管理建议：增强企业品牌与消费者之间的联结；对不同级别的SBC客户群实行分类管理；降低负面口碑信息强度而不是数量；长期的品牌管理。

本书的创新之处有三点：一是探索了网络负面口碑的积极影响，并构建了网络负面口碑对消费者态度的影响机制模型；二是理清了网络负面口碑信息强度与数量之间的关系，将两者用不同的测项进行了度量，相比负面口碑的数量，负面口碑的强度更能够刺激消费者产生自我威胁；三是验证了个人品牌联结的调节作用，发现消费者在受到自我威胁以后，个人品牌联结越高的个人越容易进行防御。

目　录

1 绪　论

在线口碑越来越被认为是营销人员具有战略重要性的问题，管理者面临的挑战是了解其对销售额和其他关键成果指标的影响（Kumar 等，2016）。根据敏特（Mintel，2015）的报告，70%的美国消费者在购买之前会上网查询有关商品和服务的意见。相应地，《福布斯》杂志指出网上口碑是市场营销人员最重要的社交媒体（Whitler，2014）。市场营销科学研究院 2014 年的研究发现社交媒体和数字技术在改变客户体验和消费者购买路径中作为第一优先级存在（MSI. org，2014）。目前的研究集中在社交媒体如何影响购买途径的一个特定方面，即负面的在线口碑（Negative Online Word-of-Mouth，NOWOM）——其中不满的个人在各种在线平台上宣传品牌的负面信息。

在传统的口碑文献中（如 Brown 等，2005；De Matos 和 Rossi，2008；Duhan 等，1997；Singh，1990；Herr 等，1991），负面口碑受到消费者判断的重视。这种抵制效应也已经在网络环境中得到证明（Verhagen 等，2013）。然而，一些研究人员对消极影响的普遍性提出了质疑，他们指出消费者通过已有的对品牌的态度来过滤接收到的负面信息，并且，对品牌的积极态度会削弱负面口碑带来的消极影响（Ahluwalia，2000，2002；Kirmani 等 1999；Roehm 和 Brady 2007）。

1.1 研究背景

1.1.1 网络应用迅速发展

《第41次中国互联网络发展状况统计报告》显示，截至2017年6月，中国网民规模达7.72亿人，网络普及率达55.8%（见图1-1），以互联网为代表的数字技术正在加速与经济社会各领域的深度融合，成为促进我国消费升级的重要推动力。手机网民的规模占比为96.3%，在上网设备中占据主导地位。

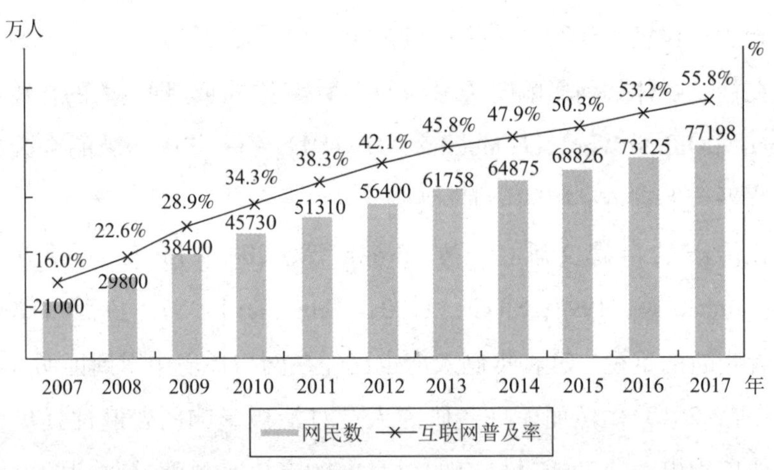

图1-1　中国网民规模和互联网普及率

资料来源：《第41次互联网络发展状况统计报告》。

互联网的基础应用主要有即时通信、搜索引擎、网络新闻，发挥着信息沟通的功能。商务交易类应用保持高速增长，使用的场景主要包括网上购物、网上外卖和在线旅游预订。网络娱乐类应用用户规模稳步增长，网络娱乐类应用进一步向移动端转移，手机网络音乐、视频、游戏、文学用户规模增长率均在4%以上，其中手机网络游戏增长率达到9.6%。

信息技术的发展、互联网用户急剧攀升，促进了其在商业上的应用。2017年1至11月电子商务平台收入2188亿元①，平台总体收入在快速增长。购买者多倾向于在线社区等来支持他们的购买决策。消费者在社交平台上对自己的购买体验发表看法，这种分享和互动在互联网背景下容易迅速扩散，再加上转发等功能的推动，这些口碑呈病毒式传播，网络口碑的力量不容小觑。

1.1.2 口碑营销渐成气候

口碑营销并不是近些年才发展起来的，很早就已经出现，一些老字号商铺的经营战略中都包含了口碑营销的要素，可以说口碑营销历史悠久。在互联网络技术尚不发达的时候，人们无法通过即时通信工具进行交流，这时的口碑传播靠的是口口相传。随着网络技术的发展，人们逐渐习惯于在网上分享自己的购物经历。《第40次中国互联网络发展状况统计报告》显示，当前网民分享购物信息的比例较低，在有过网上购物经历的网络社交用户人群中，3%的网络社交用户常常分享购物信息，25%的人偶尔分享购物信息。《2016年中国社交应用用户行为研究报告》显示，面对口碑推荐，在网络社交用户中，39.4%的人表示会购买别人推荐的产品，较2015年提升了7.1个百分点。网络社交购物市场经过不断实践和市场教育，网民逐步接受在社交应用上分享购物信息，并对这些信息产生信任。

移动互联网时代，智能手机和App应用降低了人与人之间的沟通连接成本，创造了更多的商业生态，如“罗辑思维”“同道大叔”的聚合推广，小米手环的微信营销等。而这一切的产生都得益于社群三个方面的特征：首先是精准营销，由于社群是由具有共同特征和兴趣爱好的

---

① 电子商务平台收入相关数据来源：http：//www.miit.gov.cn/n1146312/n1146904/n1648355/c5990780/content.html。

人自发聚集到一起形成的组织，只要商家的主题宣传活动能够找到对应的社群标签化人群，与其他营销方式相比，这种营销最大的特点就是精准化，商家的诉求能够得到迅速满足。另外，基于社群的互动性环境，社群成员之间存在着信任关系，这种信任经济能够降低营销成本，口碑传播效果也较好。

网络口碑营销是网络营销与口碑营销的有机结合。网络营销是在互联网络兴起之后才有的营销方式，包括一些广告营销、口碑营销等。网络口碑营销是指借助于互联网络工具，以文字、图片、小视频等方式在一些社交媒体中进行消费经历的分享，包括消费者与企业、消费者与消费者之间的互动信息。这种营销模式的诞生为企业进行产品和服务的营销打开了新大门。

1.1.3 网络负面口碑的影响不容忽视

网络负面口碑有着各种各样的来源，受众根据自己的消费体验进行口碑传播。企业在搜索引擎上投放广告，进行网络营销，但是企业却封杀不了那些“受骗”“上当”的受众声音。如今的消费者处于主导地位，他们在社群和社交媒体上可以畅所欲言，传播和分享关于品牌的想法和体验，发表关于品牌的文章、图片、视频和观点。在这里，对品牌不利的言论势必会出现一个明显的增长趋势，有时在一种自发的状态中会形成高度瞩目的舆论中心。

古语有云：“好事不出门，坏事传千里。”一些事件表明，负面口碑的存在会对企业产生负面影响。如百度的魏则西事件，2016 年 4 月末，《一个死在百度和部队医院之手的年轻人》和《你认为人性最大的“恶”是什么》两篇文章在微信朋友圈中传开。此事一出，“魏则西事件”被刷屏，迅速成为热门话题，关注度呈井喷式增长。舆论直指百度的信息推广和竞价排名。受此影响，百度股价由之前的 194.3（2016 年 4 月 29 日）美元下降到 163.55 美元（2016 年 5 月 13 日），股价下滑

15.83%，市值缩水 113 亿美元。无独有偶，汇源果汁在 2013 年发生的“烂果门”事件也对汇源造成了影响。网友爆出汇源果汁使用腐烂变质和“瞎果”榨汁的情况。事件经报道后在网上迅速传播开来，许多网友针对此事发表了看法，包括对汇源的谴责和不再购买的意愿表达。这些负面评论持续酝酿，舆情危机一触即发，对汇源的果汁销量和品牌价值都产生了负面影响。

与以上情况截然相反，另外一些事件显示，网络负面口碑并不像我们所想象的那样一定会给企业带来消极影响，有时甚至会带来积极的影响。2017 年，部分 iPhone 8 Plus 发生外壳爆裂，消费者在网上将这些信息爆出，但是并没有对苹果公司产生什么影响，其营业收入反而出现了增长。同样的还有沙盒类网游 *H1Z1*：*King of the Kill* 玩家一边在吐槽游戏，一边又在玩着游戏。这款游戏的好评率只有 61%，并不算高。但是这款游戏在 steam 里两次登上周销售冠军，且位于国区热销商品榜首。在食品行业，2017 年餐饮企业海底捞即使被曝光后厨有老鼠、打扫的簸箕与餐具混洗、顾客使用的漏勺掏下水道等问题，事件发生后一些消费者仍表示如果海底捞重新开业依然会来，因为他们信任海底捞。

我们从上述案例中可以看出，已有现象造成的差异可能源于两点：一是负面口碑内容的差异，针对产品本身的负面口碑更容易给企业带来消极的影响，而针对产品之外的机制或者物流之类的产品附加服务的负面口碑并不会对企业产生过大的影响；二是消费者群体特征不同，对商品或服务有过真实体验且与品牌保持较好关系的消费者不容易受到负面口碑的影响，而对品牌比较陌生的消费者更易受到影响。

1.2 研究目的与意义

1.2.1 研究目的

互联网络的便利性使得消费者在遭遇不满的消费体验时通常会选择

在网络上发表关于产品的负面口碑。当消费者有产品和服务需求的时候，往往会通过在线搜索获取产品相关的信息和用户评价，以降低自己购买产品的风险。与此同时，社会化媒体传播的速度也显示出比以往更强劲的势头。科技产品在人们的生活中扮演着极其重要的角色，智能手机、电脑、计步手环等进入人们的生活。以往研究显示，负面口碑会对消费者的态度起到消极作用。然而现实却是：虽然网上爆出 iPhone 8 Plus 发生外壳爆裂的消息，但是消费者依然选择购买（2017 年苹果公司第四季度财报显示：iPhone 的营收为 288.46 亿美元，比上年同期的 281.60 亿美元增长了 2%；苹果公司第四财季共售出 4667.7 万部 iPhone，比上年同期的 4551.3 万部增长了 3%；刚刚上市的 iPhone X 和苹果 2017 年的第四季度财报没有关系，iPhone 8 和 iPhone 8 Plus 的销量证明用户非常认可苹果这个品牌）。类似的事情时有发生，究竟是什么样的原因导致现实情况与理论研究的背道而驰？本书对此问题进行了探究，具体来说，研究目的有以下两个：

研究目的 1：探究在现实情况下，消费者面对网络负面口碑时对产品的需求和态度究竟如何；在这其中个人品牌联结是否会影响消费者的购买意愿；从而在品牌的长期管理过程中指导营销者如何选择营销策略和负面口碑应对策略。

研究目的 2：个人品牌联结程度不同的消费者对购买意愿的影响是否会表现出一定的规律和特征，如果说在个人品牌联结的调节作用下，负面口碑对消费者态度起积极影响，那么这其中的机理是什么，又如何实现。

1.2.2 研究意义

（1）研究的理论意义

第一，本书探索了网络负面口碑的积极影响，并构建了网络负面口碑对消费者购买意愿的影响机制。以往关于网络负面口碑的研究大多关

注影响口碑发布的前因变量，并且聚焦于网络负面口碑的消极影响。本研究关注到个人品牌联结较高的个人面对品牌的负面口碑并不总是会消减自己的购买意愿，甚至对其购买意愿是积极的影响。在这一发现的基础上，探索产生这一结果的内在机制。本研究将负面口碑强度和数量作为前因变量，自我威胁和防御机制作为中介变量，购买意愿作为结果变量，个人品牌联结作为调节变量构建了模型。本书模型的建立有助于理解负面口碑产生积极影响的原因以及前提条件。本研究丰富了目前关于网络负面口碑的研究，也为之后学者们探究负面口碑的积极影响提供了方向。

第二，理清网络负面口碑信息强度与数量之间的关系。在之前学者的研究中有的包含口碑强度，有的包含口碑数量，在两者的认识上也存在混淆，有些研究在对口碑强度进行度量时常包含数量的因素。在这些文献的基础上，本书将两者用不同的测项进行度量，强度包含“令人印象深刻”“语气坚定”等，数量包含“发布的负面口碑多”“很多人在讨论”等，并将这两者同时指向自我威胁，本书的研究结果显示，相比于负面口碑的数量，负面口碑的强度更能够刺激消费者产生自我威胁。

第三，本研究验证了个人品牌联结的调节作用。根据自我控制理论，个体对行为结果的预期无法达到，个人内心的自我概念也会遭到破坏，即产生“自我威胁”。是否个人品牌联结高低不同所产生的自我威胁程度也不相同？还是消费者在受到自我威胁以后，由于个人品牌联结程度的不同，所产生的防御意愿强度也是不同的？本书对个人品牌联结的调节作用进行了研究，发现消费者在受到自我威胁以后，个人品牌联结越高的个人越容易进行防御。

（2）研究的实践意义

互联网企业非常重视网络口碑对企业的影响作用，但是绝大部分企业认为只有正面口碑才会给企业带来积极的营销效果，负面口碑只会带来消极的影响。在口碑对企业营销带来的巨大影响的研究下，企业一味地追求正面口碑，甚至利用一些手段和工具进行口碑操控。这种行为不仅不利于市场正常竞争环境的维护，也会使企业的长远发展受到限制。本研究试图改变人们对网络负面口碑的态度，同时指导企业进行品牌的长期管理。

1.3 研究方法与技术路线

1.3.1 研究方法

本书主要探讨网络负面口碑对消费者态度的影响，涉及营销学、管理学、心理学、传播学等相关领域的理论，根据本书的研究目的和内容，我们选择理论研究和实证研究相结合的方法。

（1）理论研究

本书的理论研究主要是文献研究，对涉及的负面口碑、网络口碑、个人品牌联结、购买意愿等问题进行梳理。另外，对管理学、营销学、传播学的相关前沿文献进行了阅读，为本研究提供了开阔的视野。在文献回顾的基础上，本研究构建了网络负面口碑对消费者购买意愿影响的概念模型，模型中的变量设计参考了国内外在线口碑领域较为成熟的量表体系。

（2）实证研究

本研究采用实验法，进行8个组的组建实验，将问卷作为收集数据的工具。在问卷的设计阶段，通过小规模的访谈，对问卷的内容和形式征询意见，对调查问卷进行修订。定量研究包括调查问卷的设计、数据收集和数据分析，利用统计分析工具对数据进行处理，对研究提出的各种假设进行检验。首先在文献回顾的基础上，形成初始问卷，并通过小规模的访谈修订，进行问卷的前测。其次根据前测的结果再次进行问卷

的修订，形成正式问卷。最后通过线上的问卷调查进行数据的收集。在收集到足够的数据以后，用 SPSS 19.0 进行相应的分析，以验证之前提出的假设。

1.3.2 技术路线

本书按照以下技术路线展开，如图 1-2 所示。

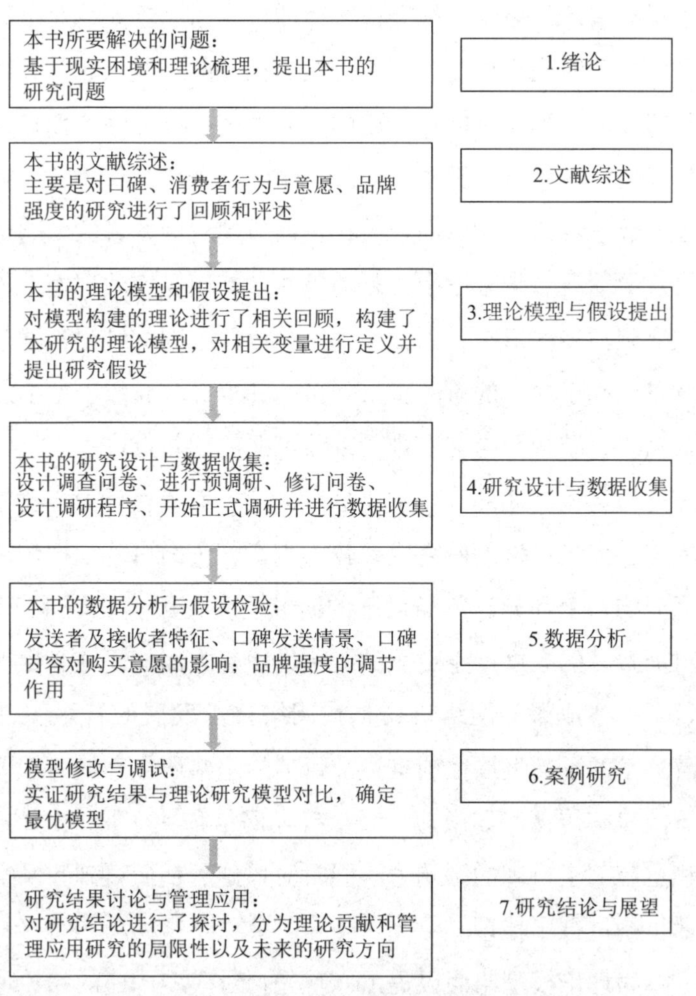

图 1-2　本书拟采用的技术路线

1.4 本书的结构与内容安排

本书根据消费者行为学、传播学的相关理论来研究网络负面口碑对消费者态度的影响，并探究个人品牌联结在其中所起的作用。全书包括6个章节，每个章节的布局如下：

第1章为绪论，对全书框架进行整体性介绍。首先，介绍了消费者在面对负面口碑时表现出的态度，总结了出现的一些问题，介绍了网络口碑和品牌强度对消费者购买意愿的重要性，这是网络负面口碑对消费者影响机理的实践背景。其次，对以往学者关于负面口碑的研究进行了梳理，大多数学者认为，负面口碑比正面口碑对消费者的影响更大，并且负面口碑给消费者带来的影响是消极的。然而在实践层面上消费者并不一定会受到消极的影响，因此呈现出与以往不同的结论，这是本研究的理论背景。基于提出的研究背景、目的和意义，介绍了本书的研究方法、技术路线、结构与内容安排，以及可能的创新点。

第2章为文献综述部分。主要是对口碑、消费者行为与意愿的研究进行了梳理，传统口碑的研究成果较为丰富，负面口碑是把传统口碑进行类型划分的一个部分，负面口碑的研究主要是因为相较于正面口碑，其能够对消费者的态度产生更大的影响力。这方面的研究开始得也比较早，取得了一些成果。网络口碑是在网络技术发展的背景下开始的研究，随着技术的不断发展往前推进。目前的一些研究已经开始关注社会化媒体下的口碑传播，如微博、微信等。网络加快了信息的传播速度，量的累积也影响了口碑的影响力。同时对口碑、负面口碑和网络负面口碑的传播机制进行了梳理。

第3章为理论模型与假设提出。首先，对模型构建的相关理论进行了回顾，为本书模型的构建奠定了理论基础。其次，根据第2章的文献

综述梳理结果和理论模型的研究成果构建本书的理论模型。最后，对模型涉及的相关变量进行定义，并提出相关假设。

第 4 章为研究设计与数据收集。根据研究理论模型进行组间实验的设计，并根据相关的量表设计出不同的问卷。依据设计出的调查问卷进行小规模的访谈，之后根据结果对问卷进行修订，形成正式的调查问卷。在正式调查时对样本量进行控制，以保证收集到的数据的可靠性。

第 5 章为数据分析和研究假设的检验过程。首先，对正式调研获得的数据进行描述性统计分析；其次，对问卷进行信度和效度的检验；最后，对组间数据进行方差检验以验证研究假设是否成立，并根据结果对研究模型进行修改。

第 6 章为案例研究。以海底捞负面口碑事件为例，研究了不同消费者群体对负面口碑的反应，并对该事件的解决进行了分析，提出了启示。

第 7 章为研究结论与展望部分。对整体的研究进行了总结，包括研究结论在学术上的一些贡献和在实践中对企业的指导作用，并且对后续的研究提出了设想。

1.5 创新之处

第一，本书探索了网络负面口碑的积极影响，并构建了网络负面口碑对消费者态度的影响机制。以往关于网络负面口碑的研究大多关注影响口碑发布的前因变量，并且聚焦于网络负面口碑的消极影响上。本书关注到个人品牌联结较高的个人面对品牌的负面口碑并不总是消减自己的购买意愿，甚至会对购买意愿产生积极的影响。在这一发现的基础上，探索产生这一结果的内在机制。本书将负面口碑强度和数量作为前因变量，自我威胁和防御机制作为中介变量，购买意愿作为结果变量，个人品牌联结作为调节变量构建了模型。本书模型的建立有助于理解负面口碑产生积极影响的原因以及前提条件，丰富了目前关于网络负面口碑的研究，也为后来的学者探究负面口碑的积极影响提供了方向。

第二，厘清网络负面口碑信息强度与数量之间的关系。之前学者的研究中有的包含口碑强度，有的包含口碑数量，在两者的认识上也存在混淆，有些研究在对口碑强度进行度量时常包含数量的因素。在这些文献的基础上，本研究将两者用不同的测项进行度量，强度包含“令人印象深刻”“语气坚定”等，数量包含“发布的负面口碑多”“很多人在讨论”等，并将这两者同时指向自我威胁，本书的研究结果显示，相比负面口碑的数量，负面口碑的强度更能够刺激消费者产生自我威胁。

第三，本书验证了个人品牌联结的调节作用。根据自我控制理论，个体对行为结果的预期无法达到，个人内心的自我概念也会遭到破坏，即产生“自我威胁”。是否个人品牌联结高低不同所产生的自我威胁程度也不相同？还是消费者在受到自我威胁以后，由于个人品牌联结程度的不同所产生的防御意愿强度也不同？本书对个人品牌联结的调节作用进行了研究，发现消费者在受到自我威胁以后，个人品牌联结程度越高的个人越偏向于防御。

2 相关文献综述

本书针对网络负面口碑对消费者购买意愿的影响进行了研究，为了深入了解问题并建立研究的理论构架，本章对国内外的相关研究进行文献回顾和梳理。文献综述部分主要包括 3 个部分：口碑研究的相关文献、消费者态度的相关研究、口碑传播的影响机制。

2.1 口碑研究的相关文献

2.1.1 口碑与网络口碑

Arndt（1967）对口碑进行了定义，认为口碑是指信息传递者（Sender）与信息接收者（Receiver）之间的信息交流过程，这个过程可能经由电话也可能是面对面的。学者们对口碑的分类大致有两种看法：一种是将口碑一分为二，即分为正面口碑和负面口碑；另一种是在前者的基础上增加了中立口碑（郭国庆，2007），分为三类。与其他的传播方式相比，口碑传播具有信源可靠、双向沟通、有活力、受干扰小的特点，因此口碑能够对消费者的态度产生较大的影响。在有关口碑的研究上，学者们关注的焦点主要在于影响口碑信息发送的因素、口碑信息接收者的购买意愿和行为受到哪些因素的影响、口碑传播的过程是如何实现的 3 个部分。郭国庆等（2007）就基于精细处理可能性模型探究了口碑传播的机理，将消费者对品牌的态度落实到认知成分、情感成分和行为成分上，当消费者涉入度高时，将遵循以认知成分为主的核心路线，当涉入度低时，遵循以情感成分为主的外围路线。

在与传统口碑相区别时，Tax（1998），Newman（2003）等学者认为网络口碑就是将传统口碑下信息传播的声音变化为网络上的文字。在网络口碑的划分上，Henning-Thurau（2004）等将其分为正面和负面两种。简单来说，口碑传播与传统口碑最大的不同是通过网络渠道实现。因此，在互联网背景下，网络口碑呈现出独具自身特色的一些特征：一是匿名性，由于口碑传播通过互联网络实现，传播的主体无须面对面，真实的身份信息也无法确认；二是多样性，网络口碑的传播载体已经不仅仅局限于文本，声音、图像、视频等都可以作为口碑信息传播的载体，并且与传统的口碑相比，这些形式下的传播除了用于交流还可以保存；三是广域性，互联网技术打破了时间和空间的界限，因此通过互联网进行的口碑传播也突破了以往的界限，形成无边界的强联结和弱联结。

在网络口碑的传播上，学者们更多地关注网络口碑的传播机制。张晓飞和董大海（2011）对网络口碑传播的动机和口碑接收者的动机进行了归纳，并提出由于网络传播情境和口碑传播参与者个人特征的不同，这些动机可能存在较大的差异。宋晓兵等（2011）提出了网络口碑对消费者产品态度的影响机理，指出传统口碑的信息源可靠性则取决于信息发布者，而网络口碑的信息源可靠性则取决于信息发布的平台；传统口碑以论据的效价来界定论据质量，网络口碑则以论据的强度来界定论据质量。

2.1.2　网络负面口碑

（1）负面口碑的定义及以往文献中负面口碑对消费者购买意愿的消极影响

在负面口碑的定义上，学者们大多认为是传播不满意的消费体验。

Hennig-Thurau（2004）提出，随着 Web 2.0 时代的到来，用户可以通过网络平台共享愉快的购买经验，同时也会传播不满的消费体验。Lee（2010）也认为，网络负面口碑就是用户通过网络分享不愉快的购买经历。

以往的文献显示，网络负面口碑对消费者态度、购买意愿以及企业品牌都具有消极的影响。Lee（2010）认为，这些负面口碑相较于正面口碑来说，能够对消费者产生更大的影响，由此为他们的购买决策提供更具价值的判断信息。与此同时，对企业也会产生较为显著的影响，破坏力更大。Lee（2008）等探讨了在线负面评论对用户产品态度的影响，Yang 等（2010）发现网络负面口碑对潜在客户的影响比正面口碑更大。许玉等（2012）发现中心性高的用户可以产生更大的影响。Khammash 等（2011）研究发现，网络负面口碑有助于消费者的购买决策。

（2）个人品牌联结（SBC）的介入使负面口碑对消费者态度产生了积极影响

一些消费者可能会在他们自己和一个特定品牌之间形成某种意义上的联系，这样品牌本身就与个人的自我概念紧密联系在一起；个人品牌联结（Self-Brand Connection，SBC）可以构造并测量这种关系（Escalas，2004)。众多研究人员已经证明，个人可以促进产品创造和沟通他们的自我概念，从而创造品牌连接。个人品牌联结是指品牌在多大程度上表达了消费者的自我认同、道德和目标。目前的研究显示，强自我联结（SBC）可以导致消费者在面对负面口碑时产生防守，从而反过来导致违反直觉的对购买意向的有利影响。

Andrew E. Wilson（2017）通过研究指出，负面网络口碑会对那些感觉与品牌有密切个人联系的人产生相反的影响——这个群体往往包含品牌的最佳客户，也就是说，负面网络口碑的存在会对高个人品牌联结

（SBC）的消费者产生积极的影响；并通过与服装品牌、智能手机、酒店住宿相关的 SBC 的实验操作来演示这种效果。实验结果显示，当个人品牌联结（SBC）较高时，消费者面对负面口碑时的过程是一个防御过程，实际上这增加了他们对品牌的行为意向。David J. Moore 指出 SBC 会显著影响品牌评价和态度强度，并关注性别对品牌态度的影响，他认为从总体上来看，女性相较于男性往往会表现出更强的 SBC；认同程度高的消费者能产生更高的 SBC。

（3）负面口碑的传播机制

在影响机制方面，一些学者首先对网络负面口碑传播意愿影响因素方面进行了研究。宋亚非等（2011）分析了负面口碑对购买意愿的影响。在现有的文献中，Cheung（2012）发现利己主义和道德责任等因素对客户传播正面口碑存在影响。同时，Verhagen（2013）指出网络负面口碑的传播主要源于客户的不满情绪。龚玲等（2008）发现被试者有无初始态度对负面口碑的影响力大小不同，但是没有厘清负面口碑的传播机制。陶晓波等（2013）分析了网络负面口碑与其他口碑的差异，并提出了网络负面口碑对消费者态度的影响机理模型。

负面口碑对企业产生了较大的破坏力，因此，企业在进行负面口碑管理时应从控制中间中心性高的用户、加强品牌与用户之间的联系等方面入手。Decarlo（2007）通过对零售企业的调查发现，当信息被良好组织和具有逻辑性时，负面口碑并不弱化消费者的感知，因此提出负面口碑并不总是对消费者的感知产生消极影响。

2.1.3 口碑研究的相关评述

最早关于口碑的研究是在传统模式下进行的，线下的口碑传播大多是人与人之间的口口相传，此时主要对口碑的内涵、分类、特点以及影响机理进行研究；随着网络技术的发展，口碑传播的情景延伸到了线

上，与传统口碑相比更多地展现出匿名性、多样性和广域性，这些特点也使口碑的传播展现出比以往更强大的力量；无论是传统的口碑研究还是网络口碑研究，都显示出负面口碑对消费者的影响更大、范围更广，同时，这也是企业所面临的亟待解决的问题，具有实践意义。目前关于口碑的研究已较为丰富，无论是内涵、分类还是影响机理，然而时代是向前发展的，数字化环境下口碑的传播展现出了不同的特点，如社群内意见领袖的出现，传播模式也从以往的从上至下到如今的消费者自发式地形成舆论中心。实践环境下，网络负面口碑对企业的影响发生了极大的变化，在理论和现实的要求下，对网络负面口碑的研究迫在眉睫。

2.2 消费者行为与态度的相关研究

2.2.1 消费者行为的相关研究

(1) 消费者行为的概念

Schiffman 和 Kanuk（1991）提出，消费者为了满足自身需求，购买、评价和处置产品和服务的行为就称为消费者行为。Blackwell, Miniard 和 Engel（2001）把消费者决策过程分为五个部分：确认需求、搜集资讯、评估方案、购买行为及购后结果。Engel et al.（1968）提出消费者行为包含两个部分：一是消费者的行动；二是消费者的购买决策过程。消费者的行动是指购买决策的实施过程，购买决策过程是指在此之前消费者面对商品和服务时的心理活动和行为倾向。Kotler（1998）提出，消费者经受外界的刺激，包括商家的营销活动刺激（陈列、气味、颜色、包装等）、购买环境（建筑设计等），并且在这些条件的刺激下作出决策，产生的购买决策行为就是消费者行为。其中的消费者决策程序处理处于一个黑箱操作过程，这个过程会受到一系列因素的影响，因此，要想了解消费者的决策程序过程，主要应关注影响消费行为的因素。

在消费者的决策过程中，消费者买或者不买的行为以及消费者购买的具体产品是可以被观察到的，但是消费者真正的购买决策是其“内在思维”，这个过程是不易被观察到的，是一个复杂的过程。消费者在作出购买行为之前的决策过程常受到一系列因素的影响。综合以往学者的研究，其影响因素主要有动机、信念、态度、性格、评价标准、知觉和经验等。

（2）消费者行为研究的模式

雷诺兹（Reynolds）于1974年根据心理学的概念提出了SOR理论，即刺激—机体—响应（Stimulus-Organism-Response，S-O-R），简单来说，就是消费者受到刺激后作出反应。尼克塞尔（Nicosia）基于SOR的概念，将消费者的购买行为分为4个部分：信息暴露、信息收集与方案评估、购买行为和信息反馈，即企业将产品和服务的营销信息通过一些媒介和方式传递给消费者，消费者在接收到信息和进行评估对比时形成对产品或服务的态度，同时产生购买动机，在相关决策因素的影响下产生购买行为，进而对产品或者服务形成评价，对企业进行反馈。尼克塞尔德模式说明了消费者购买行为的一致性，但是忽略了复杂的外部环境。科特勒和阿姆斯特朗（Kolter，Armstrong）弥补了这一缺憾，提出了自己的消费者行为模式，在消费者受到刺激的部分，不仅考虑了与产品和服务相关的因素，而且考虑了经济、政治等外部环境因素，在消费者对信息进行处理的部分，认为消费者的决策会受到消费者特征的影响，进而对产品、品牌、供应商等进行选择。在消费者重复购买的考虑上，他们认为消费者的购后行为将会影响重复购买。希夫曼和卡努克（Schiffman，Kanuk）于1991年对消费者的行为模式进行了3个阶段的划分：投入、处理和输出。投入阶段是消费者对产品需求的确认，不仅

受企业营销活动的影响，而且受到社会文化现象如非正式组织、社会阶层等因素的影响；处理阶段是消费者的购买决策产生阶段，这个阶段会受到消费者个人特征的影响；输出阶段包含了消费者的购买行为和购后评估两个部分。霍华德—谢思（Howard-Sheth）将社会心理学引入消费者行为的研究中，以 SOR 理论为基础认为行为源于心理与动机，他们提出的模式主要由 3 个层面组成：投入因素、内在变量和产出结果。在投入因素的层面上，不仅包括以往学者所提出的产品实体刺激和社会环境，而且提出了产品符号刺激这一单独的因素，关注品牌、商标和包装；内在变量描述消费者在受到外界刺激后的处置方式，产品和服务等刺激物会在消费者头脑中形成印象并通过其自身的学习进行处置，包括知觉和学习两个变量；产出结果是指消费者做出的行为，通过注意、了解进而转变态度形成购买意愿，产生购买行为。他们的研究为之后 EKB 模式的产生奠定了重要基础。EKB 模型是恩格尔、科拉特和布莱克威尔（Engel，Miniard，Blackwell）于 1993 年共同提出的一项消费者行为模式，EKB 模型认为消费者行为覆盖到整个消费过程，包括信息接收、信息处理、决策处理、影响决策的变量和外界影响 5 个阶段。消费者在主动地在线搜寻和接触到营销信息后，会对这些信息进行处理，最终选择性地保留某些信息，针对在记忆中保留的这些信息，消费者对此进行问题的确认、信息搜集、评估、购买选择和决策结果，这个部分所进行的决策处理为模型的核心部分，会受到购买动机、评价准则、生活方式和信息等内在环境因素的影响和文化、道德规范等外界环境的影响。

通过对消费者行为模式进行回顾，我们知道消费者首先受到外在与内在的刺激，这些刺激涵盖了多种来源，如非正式组织、品牌，消费者在受到刺激之后会对信息进行处理，形成购买意愿，这个阶段会受到消费者自身特征的影响，之后根据购买意愿作出产品购买等反应。

2.2.2 消费者态度的相关研究

(1) 消费者态度的概念

“态度”一直是心理学关注的重点，很多学者都从多个角度对态度进行了界定。态度是指一个人对某些事物或观念长期持有的好与坏的评价、感受和由此导致的行动倾向。态度能使人们对相似的事物产生相当一致的行为。行为主义视角中，奥尔波特（Allport，1935）指出态度是一种心理和神经的准备状态，个体基于经验对所处的情景作出反应。他主要指出态度是在过去经验的基础上形成。克瑞奇（Krech，1948）认为态度不是在过去的经验基础上形成的，而是在当前的经验基础上形成的，是主体对现象的动机过程、情感过程和知觉过程，认为主体根据自己的思考构建态度。弗里德曼（Freedman）提出了态度成分，认为态度包括认知、情感和行为意向三个维度，是主体对特定的人、事情或者观点的稳定的心理倾向。加涅将人类学习分成五类，分别是言语信息、智力技能、认知策略、动作技能和态度。除了作为行为基础的性能，学习还会导致影响个体行为选择的内部状态的建立，这种学习结果就是态度。计划行为理论认为态度（Attitude）是指个人对该项行为所抱持的正面或负面的感觉，亦即指由个人对此特定行为的评价经过概念化之后所形成的态度。Ajzen（1991）认为行为意愿（Intention）比信念（Beliefs）、态度（Attitude）、感觉（Affection）等因素更能够预测一个人的行为，因此要对行为进行预测，就需要了解该行为的意愿（Behavioral Intentions，BI）。

态度不是与生俱来的，而是在后天的生活环境中，通过自身社会化的过程逐渐形成的。在这个过程中，影响态度形成的因素主要有如下几个方面：①欲望。态度的形成往往与个人的欲望有着密切的关系，凡是能够满足个人欲望或能帮助个人达到目标的对象，都能使人产生满意的

态度。相反，对于那些阻碍目标，或使欲望受到挫折的对象，都会使人产生厌恶的态度。②知识。态度中的认知成分与一个人的知识密切相关。个体对某些对象态度的形成，受其对该对象所获得的知识的影响。③个人经验。一个人的经验往往与其态度的形成有着密切的联系，生活实践证明，很多态度都是由于经验的积累与分化而慢慢形成的。

态度是一个逐渐形成的过程，对于该过程的研究，比较知名的是凯尔曼的三阶段理论。态度形成的整个过程分为三个阶段。一是依从。依从是指主体的行为不是自愿的，是受外在的压力而形成的短暂行为，目的是获得奖励或逃避惩罚被迫采取的与他人表面上相一致的行为。二是认同。认同是个体自愿地让自己的态度和行为与心目中榜样的观念和态度相一致。三是内化。该环节是主体对他人的观点充分地信任，并且认可他人的观点，自己的态度中也会包含该观点。

态度形成后并非是一成不变的，主体在与外界接触的过程中会接收到新的信息，新信息会引发主体已有的态度发生变化。改变的形式有两种。一种变化形式是一致性改变，该变化形式不是态度根本的转变，而是原有态度强度的变化，如从轻度反对变为强烈反对，这种变化并没有改变态度的方向。另一种形式的变化是不一致性改变，这种改变形式是态度根本性的转变，如从喜欢到讨厌，态度的方向已经转变到对立面。在一般情景下，第一种形式的变化比后一种形式的变化较为容易。美国心理学家霍夫兰德（Hovland）把改变态度看作是信息交流的过程，个体形成一定态度后，由于接收新的信息或意见而发生变化，这个过程叫态度改变。美国学者霍夫兰德等提出了一个态度转变模型，该模型强调了强调信息和背景的作用。费斯廷格（Festinger，1962）提出了认知失调理论，作为动力心理学的一种观点，该理论认为，主体对新的事或物都会有一定的态度和行为，各种认知因素之间会存在三种关系，即协调、失调和不相关。当认知因素产生失调状态时，人们可以通过改变或者增加新的认知元素来调整这种状态，达到认知协调。认知平衡理论由社会心理学家海德提出，把认知过程分解为不同的认知要素，由此构成一个认知系统。当认知系统出现不平衡、不一致时，会产生一定的心理压力，驱使认知主体设法恢复认知平衡。认知失调理论强调了人的被动行为，以往研究考虑的一个很重要的因素就是群体规范性，尤其是认知平衡理论更多强调一个人对某一认知对象的态度常常受他人对该对象态度的影响，即海德十分重视人际关系对态度的影响力，认为人类普遍地有一种平衡、和谐的需要，一旦人们在认识上有了不平衡和不和谐性，就会在心理上产生紧张的焦虑，从而促使他们的认知结构朝平衡与和谐的方向转化。

态度研究中普遍得到认可的两个模型是ABC模型和Fishbein的多属性模型，这两个模型都在态度与购买意向之间建立起了联系。ABC模型认为态度包括三种要素：认知（Cognition）、感受（Affects）和行为（Behavior）。该模型假设消费者是尽可能地系统处理或利用相关信息的合理的人，主张“消费者是充分思考以后行动的”。态度的三种要素之间存在着不同的生效层次，分别是高度参与层次（生效次序为信念、评估、行为）、低度参与层次（生效次序为信念、行为、评估）和经验层次（生效次序为评估、行为、信念）。Fishbein的多属性模型是一个品牌属性的补偿模型，即消费者可以用一个品牌在一个属性上的优势来补偿它在另一个属性上的缺陷，消费者通过所有属性的总和来确定其对品牌的态度。Fishbein的多属性模型与传统的生效层次是有联系的，如所渴望的属性和品牌利益的总和影响品牌的评估。此外，运用多属性模型还可以描述品牌评估与购买意图或实际购买行为之间的关系，即对一个品牌积极的（消极的）态度会增加（减少）消费者打算去购买它的可能性，积极的购买意愿可能会促进实际的购买行为。

（2）消费者购买意愿的类型

国内学者董大海、金玉芳（2003）对消费者的购买意愿进行了划分，认为主要有三大类：重构倾向、口碑和溢价购买。他们对以往学者的研究文献进行整理，总结出消费者购买意愿的类型，本书在此基础上进行了充实，如表 2-1 所示。

表 2-1　消费者购买意愿的类型

来源	维度/问项
Boulding 等，1993	再购意图
	向他人推荐
Mittal 和 Lassar，1996	推荐意愿
	转换意愿
Zeithaml 等，1996	忠诚度
	支付更多
	负面的行为意愿转移
	内部反应
	外部反应
Haemoon，1999	再次选择的可能性
	向他人推荐的可能性
Cronin 等，2000	再次购买该产品的可能性
	向亲友推荐的可能性
	如果回到过去，我会作出同样的选择
J. D. Power，2013 GSI	再次选择的可能性
	推荐给亲友

消费者的购买行为不是一蹴而就的，其行为决策是一个过程。营销的核心就是要了解消费者，把握消费者的需求。消费者意愿与行为之间的联系已被现有的研究证实。消费者在线搜索购买产品时，往往会浏览产品的口碑，以减少自己的购买风险，这些已存在的口碑会对消费者购买产品的积极性产生正面或者负面的影响。

2.2.3 消费者行为与态度的相关评述

消费者行为的发生是为了满足消费者的需求，对产品和服务所表现出的寻求、购买、评价和处置等行为。消费者行为包含行动和购买决策过程两个部分。消费者经受外界的刺激（商家的营销活动、购买环境）后，经消费者决策程序处理产生购买决策。消费者决策程序过程会受到一系列因素的影响，学者们通过研究揭示了消费者购买行为中的共性和规律，比较典型的消费模式有以下几种：尼科西亚模式、科特勒和阿姆斯特朗模式，希夫曼和卡努克模式，霍华德—谢思模式，EKB 模式（恩格尔—科拉特—布莱克威尔，Engel-Miniard-Blackwell）。这些研究逐渐成形，成为系统的消费者行为研究模式。

预测消费者是否在未来采取某种行为，最直接的方法就是了解他的态度，态度能使人们对相似的事物产生相当一致的行为。行为意愿比信念、态度、感觉等因素更能够预测一个人的行为，因此要对行为进行预测，就需要了解该行为的意愿。在实际研究中，学者们对消费者行为意愿的具体构成并没有达成一致的观点，因此，在具体研究中根据内容的不同往往存在多重维度。本书将购买意愿作为态度的一种形式，探究网络负面口碑对消费者购买意愿的影响。

有关口碑的研究由来已久，自从出现商品交易活动，人与人之间就有关于商品好坏的评价。随着科学技术的进步，商品交易活动开始在网上进行，口碑传播也借助技术的发展产生了更大的影响力。负面口碑对商家的产品售卖产生了影响，人们大体认为负面口碑会带来消极的影响，但是一些国外学者的研究显示，负面口碑并不总是带来消极的后果。针对网络负面口碑的消费者行为意愿研究还未达成共识，国内关于负面口碑对消费者行为意愿的积极影响的研究还非常少。

2.3 口碑传播影响机制研究综述

2.3.1 网络口碑传播影响机制研究

陈蓓蕾（2008）基于网络和信任理论对消费者在线口碑传播进行了实证研究。口碑的传播离不开信息的发送者和接收者两个主体，与以往的单从信息接收者角度进行的研究不同，陈蓓蕾从信息接收者和发送者两个角度分别对口碑的传播进行了研究。研究首先从传播者的角度，探索了虚拟社区成员的消费者发布口碑的影响因素有哪些，以及这些因素如何影响消费者的在线口碑发布行为。基于社会资本理论的三个维度：结构维度、关系维度、认知维度，将社会交互联结、信任、互惠规范、承诺、社区意识、自我效能等九个因子作为前因变量，将信息发布行为作为结果变量构建了研究模型，如图 2-1 所示。

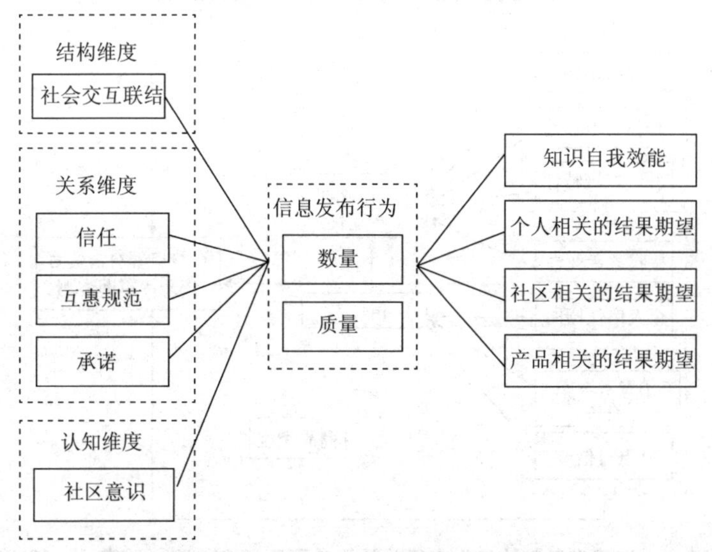

图 2-1　消费者口碑信息发布行为的影响因素概念模型（陈蓓蕾，2008）

结果显示，虚拟社区中消费者信息发布行为的质量和数量均受到个人相关的结果期望、互惠规范和承诺的影响；除此之外，社会交互联结、知识自我效能、产品相关的结果期望和身份归属单独影响信息发布的数量；社区相关的结果期望、信任和情感联结单独影响信息发布行为的质量。

此外，陈蓓蕾（2008）还从信息接收者的角度出发，运用扎根理论，通过大量的访谈，对现象进行编码、重组和解码，并加以分析整理，从而以定性的方式构建出口碑对信息接收者购买决策的影响。口碑的传播通常在双方有关系的情况下进行，口碑传播的环境不仅包括两个参与主体，还包括双方之间的关系，作者因此将关系和环境构面细分为三个因素：在线联结强度、传播者专业性和社区氛围特性；在个体构面细分为接收者专业性和个人信任倾向两个变量；在网站构面细分为消费者网站关系和站点可信度。这七个因素构成了研究模型的前因变量，将在线口碑搜寻的主动性和信任程度作为中介变量构建研究模型，如图 2-2 所示。

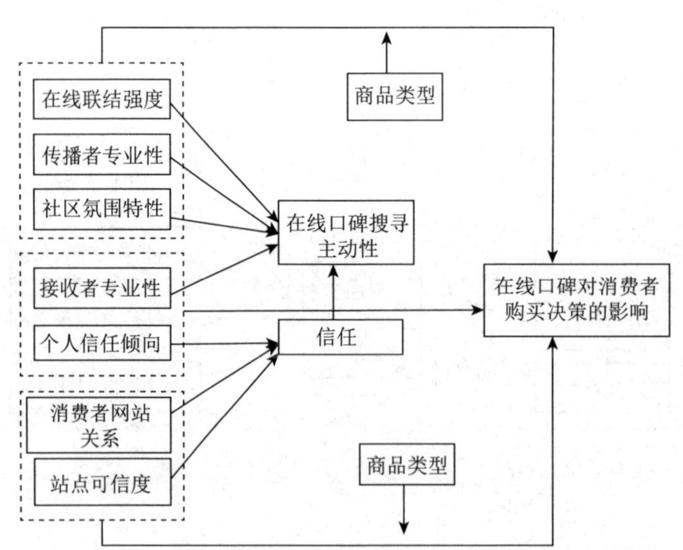

图 2-2　消费者口碑信息发布行为的影响因素概念模型（陈蓓蕾，2008）

结果显示，除在线联结强度和个人信任倾向外的剩余五个因子对在线口碑的传播有正向影响。

陶晓波（2013）将口碑类型、发布平台和信任倾向作为前因变量，可信度作为中介变量，品牌信任和品牌情感作为两条不同的路径构建了网络负面口碑对消费者态度的影响机理模型，如图 2-3 所示。其主要结论为：确定了负面口碑影响消费者态度的两条路径（核心路径和外围路径），核心路径为“可信度”→“品牌信任”→“购买意愿”，外围路径为“可信度”→“品牌情感”→“购买意愿”；在消费者涉入度高时核心路径占主导地位，在低涉入度时外围路径占主导地位；网络负面口碑的信息发布平台与主体间的信任倾向能够影响消费者的态度。根据他的研究结论，企业在面对网络负面口碑时针对不同的情况应采取不同的解决方法，当负面口碑所言非虚时，企业应该“以情动人”，当网络中的负面口碑纯属谣言时，则企业应该“以理服人”。

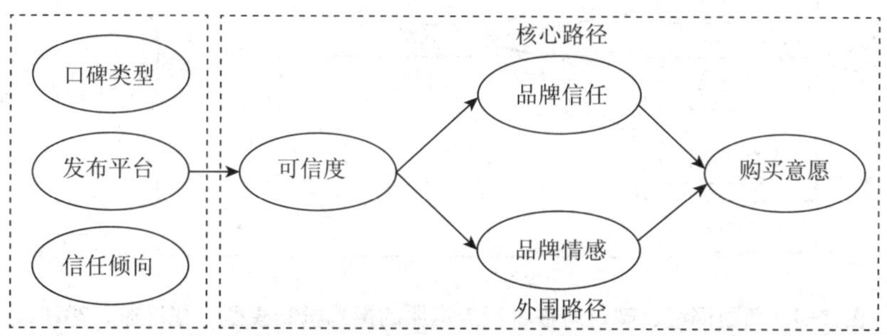

图 2-3　网络负面口碑对消费者态度影响的实证研究模型（陶晓波，2013）

2.3.2　网络负面口碑传播影响机制研究

毕继东（2010）研究了负面网络口碑对消费者行为意愿的影响机制。他从网络口碑接收者的角度出发，将传播者特征（关系强度和专业性）、口碑信息特征（口碑数量和口碑视觉线索）和接收者特征（信任倾向、产品涉入和品牌印象）作为前因变量，将感知风险和信任作为中介变量，将网络涉入作为口碑信息特征对感知风险和信任影响的调节变量建立研究模型，如图 2-4 所示。研究结果表明：影响消费者购买意愿最主要的因素是主体间的关系强度，即主体间的关系强度越大，消费者的购买意愿也就越强烈；与此同时，接收者的三个特征也显著正向影响消费者的行为意愿；传播者的专业性与购买意愿之间无显著关系；感知风险和信任在这些变量和结果变量之间有中介作用，并且感知风险正向影响信任。

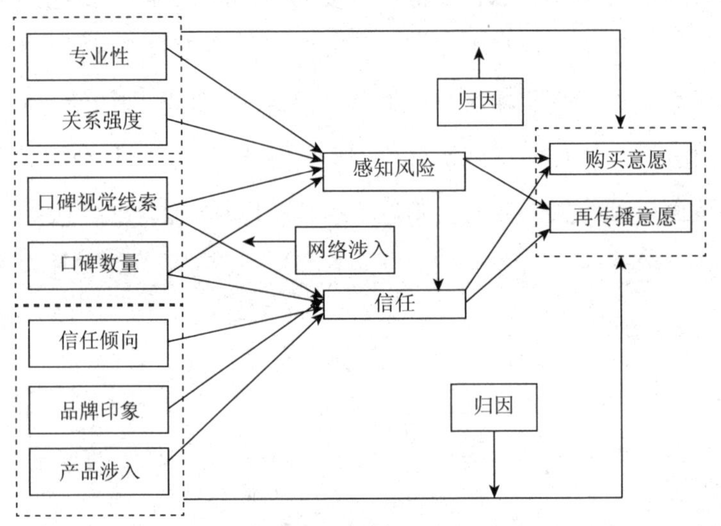

图 2-4　负面网络口碑对消费者行为意愿的影响机制模型（毕继东，2010）

在大多数学者关注负面口碑的消极影响时，Cheng（2012）通过观察发现，与品牌之间拥有较好关系的消费者通常认为他们所选择的这些品牌非常适合自己，他们会使用这些品牌向他人表明“我是谁”，认为该品牌能够反映自己是一个什么样的人。对于品牌来说，这些人拥有较高的个人品牌联结（SBC）。这类消费者会对消极的品牌信息作出反应，就像他们对待个人的失败一样，这些负面信息对自己的积极自我观点构

成了威胁，在查看负面品牌信息之后，高 SBC 消费者的自尊降低。也就是说，对于高 SBC 的消费者，尽管存在消极的品牌信息，但他们也能够保持积极的品牌评价，其原因更可能是由于保护自我，而不是品牌的动力驱动的。

Cheng（2012）通过两个实验对这些假设进行了验证，结果显示，品牌出现负面口碑之后，具有较高 SBC 的消费者将表现出自我评估的下降；在负面口碑对这些消费者品牌评估的影响中，对个人品牌联结的影响中，自我肯定都起调节作用；Cheng（2012）对消费者在面对负面口碑后仍保持积极的口碑这一问题进行的探究成为这一领域的初探，也为后来学者的研究奠定了基础。

Wilson（2017）在 Cheng（2012）研究的基础上进行了探索，力图揭示网络负面口碑带来积极影响这一事实的原因，Wilson 进行了三项研究，每项研究都在不同产品类别背景下进行，分别是：服装（研究一），智能手机（研究二）和酒店（研究三）。研究一进行了 2（NOWOM：当前 vs. 对照）×2（SBC：高与低）的实验，主要目标是为了证明个人品牌联结较高的消费者在面对网络负面口碑时可以对行为意向产生积极影响，并且这种效应将由防御性信息处理驱动。研究二使用 Johnson-Neyman 程序，在智能手机背景下对网络负面口碑和个人品牌联结之间的相互作用进行了研究，通过检查各级独立因变量和因变量之间关系的斜率，为研究提供了更强大的过程证据。研究三选定酒店为研究背景，将酒店的在线评论作为研究样本，探究了产品类别在其身份相关性程度上的不同是否会影响结论。结果显示，仅有 9.7%高于酒店的拐点，也就是说，大部分与身份有关的类别似乎具有最大的 SBC 高级消费者群体，这些消费者对 NOWOM 作出反直觉防御性的反应。

三个研究在不同的背景下进行，服装最具身份相关性，其次是智能手机，酒店是最不重要的。研究结果显示，与品牌相关的个人品牌联结和曝光度将会对消费者的行为意图产生交互作用，使得高 SBC 消费者在接触后会变得越来越倾向于购买该品牌；在这一过程中的网络负面口碑和个人品牌联结之间的交互将由防御性信息处理来进行传递。

2.3.3 口碑传播影响机制文献述评

网络口碑的研究基于其匿名性、传播速度快、非面对面沟通、口碑信息有形化和超越时空等特点，关注到网络口碑的影响力，并从以往的单一主体出发进行研究转变到关注口碑信息的接收者和发送者两个主体，以及两者之间的关系和口碑传播环境。在影响口碑传播因素上的研究也已经相当详尽，网络口碑传播机制研究趋于成熟。

以往学者对负面口碑传播机制的研究，一方面验证了口碑信息的发送者、接收者、信息三个方面对消费者购买决策的影响作用；另一方面关注到负面口碑信息的积极影响，并从不同的角度给出了研究思路。在网络负面口碑的积极影响上，学者们较多地使用个人品牌联结作为解释来源，高个人品牌联结的消费者将品牌的失败当作个人的失败，并在对自我概念产生破坏以后启动防御机制，因此就出现了品牌尽管存在网络负面口碑，但是仍保持积极的评价。总体而言，相较于网络口碑的研究成果来说，专门针对负面口碑的研究成果相对较少，关注到负面口碑积极影响的研究更是凤毛麟角。在这种背景下，探究网络负面口碑对消费者意愿的影响尤其是积极影响来说，显得尤为重要。

本章对口碑、负面口碑、消费者行为与意愿的相关文献进行了回顾，界定了什么是口碑、什么是网络口碑、什么是负面口碑，并且对负

面口碑的影响力进行了回顾和总结，负面口碑除了能够带来人们所认为的消极性影响，还能够带来积极影响，后者在个人品牌联结较高的环境下实现。消费者的意愿能够对消费者在未来的行为进行预测，对意愿的影响需要一个过程的实现。口碑传播机制则对这个过程进行了说明。这些文献的回顾为我们的研究打下了基础，为模型的构建指明了方向。

3 理论模型与假设提出

3.1 模型构建的相关理论

3.1.1 自我控制理论

自我控制（Self-control）发生在我们生活的方方面面，大体来说，当一个人不愿受到某种因素的诱惑，通过认知、生理等方面的控制来避免自己受到诱惑就是自我控制。Schelling（1984）注意到妇女在分娩时往往会因为痛苦而控制不住自己使用麻醉口罩，为了避免这种情况的出现，她们通常在术前会要求医生不要在手术室放置麻醉口罩，以免自己控制不住时使用。这个事件已成为自我控制的经典案例。

相互冲突的双方就是诱惑和自我控制。自我控制是一个心理加工过程，目的是帮助人们克服思想、情绪和行动，根据现实发生的情况进行自我调整，进而实现个人价值与社会期望相统一（高科、李琼、黄希庭，2012）。

董军等（2018）认为自我控制研究的核心问题是解释自我控制失败的内在发生机制，并归纳总结了四个模型解释自我控制失败的现象，分别是能量模型、加工模型、中央管理器模型和前额叶—皮层下脑区的平衡模型。

消费者购买物品来满足自己的需要，所选择的品牌往往是适合自己的，并向外界传达着自己是一个什么样的人，这种心理需求的满足能够

积极创造自我概念，增强和表达自我认同，并允许维护自己的个性（Ball & Tasaki，1992；Belk，1988；Fournier，1998；Richins，1994）。人们在各种情况下对自我概念进行管理，以获得最大的正面反馈（Schlenker，1980）。归因研究表明，人们更倾向于将积极的结果归因于自我的方面，而把消极的结果归纳于环境的原因（Miller & Ross，1975）。品牌负面口碑的出现使消费者的自我概念遭到了破坏，为了对自我概念进行控制，消费者通常会基于保护自身的目的启动防御机制。

3.1.2 态度承诺理论

“承诺”是要约人答应承办某项事情的意思表示。态度承诺理论是关系营销领域内解释顾客重购意向的一个重要理论（Johnson，2005），其核心含义为：顾客承诺是构成关系营销的关键变量，并且顾客认为与企业之间保持关系的稳定能够减少自己在未来购买行为的风险，因此愿意努力保持这种关系。这在李辉等（2012）的新老顾客保留意愿的对比研究中也得到了验证。

商贸关系的成立和进行以顾客承诺为基础，即便在顾客满意度水平相对较低时仍能够发挥作用。关于顾客承诺的类型划分，Geyskens Inge（1996）根据主体的目的性，将态度承诺划分为算计性承诺和忠诚性承诺。这一划分被大部分研究所接受，算计性承诺是消费者基于对未来回报的期望进行理性的判断和客观计算而呈现出的关系维护意愿；忠诚性承诺则是由于与企业之间持有相同的价值观、共同的目标和追求，消费者从而对企业品牌产生的心理归属感和情感依恋。孙乃娟和郭国庆（2016）研究发现，顾客承诺对顾客公民行为具有正向驱动作用，顾客承诺两个类型的影响力也不尽相同，相比较来说，忠诚性承诺对消费者购买行为的正向影响更强。

态度承诺的存在也就意味着消费者与品牌之间维系着紧密的关系，

消费者选择的品牌代表想向外界传达的自我，简单来说，“我”就是品牌，品牌就是“我”。心理学研究发现，当人们的表现不如预期时，人们会感受到威胁（Baumeister 等，1993；Fein 和 Spenser，1997；Tesser，2000；Wood 等，1999）。因此，高个人品牌联结的消费者对品牌失败的反应就是“品牌的失败也就是个人的失败”，会对其积极的自我评估构成威胁，同时在品牌失败后的评估中表现得更为宽容和仁慈。

态度承诺（Attitude Commitment）被用来解释对负面品牌宣传的反应。承诺是态度强度的一个主要维度（Krosnick，Boninger，Chuang，Berent 和 Carnot，1993）。一些学者的研究已经证明了态度承诺可以减弱负面信息对态度变化的影响（Ahluwalia，2000）。也就是说，高度忠诚的消费者更倾向于质疑信息来源的有效性，或者对品牌负面消息进行反驳，以抵消品牌负面消息带来的影响（Ahluwalia 等，2000；Swaminathan 等，2007）。

3.1.3 判断更新理论

在理解消费者对负面品牌信息的反应以及消费者与品牌之间如何缓和这些反应的研究上，判断更新（Judgment-updating）理论是不可缺少的一种解释。该理论认为负面信息的影响取决于其诊断性和可获得性（Gurhan-Canli 和 Maheswaran，1998；Loken 和 John，1993）。也就是说，消费者与品牌之间存在较强的关系通常代表着这些消费者有着丰富的品牌经验和知识，他们能够关注到品牌的细微特征和信息。因此，面对品牌的负面消息，他们基于先验知识和经验能够对这些信息进行区别和判断，甚至可能质疑、反驳。

Dawar 和 Pillutla（2000），Smith（1993）的研究也证明了个人品牌联结程度更高的消费者会对信息处理产生的偏见进行消减，他们不太可能将任何给定的信息视为诊断品牌的核心竞争力。因此，消极的产品表

现不太可能蔓延，从而也不太可能对个人品牌联结更强的消费者的整体品牌评估产生不利影响（Milberg 等，1997）。

3.1.4 传播过程理论

传播过程理论认为信息沟通从传播者开始，传播者将自己想要传达的信息进行编码，通过媒介传递给信息接收者，接收者通过解码来理解传播者所要表达的内容；接收者理解信息内容后作出反应，并反馈给信息发送者，其间会受到噪声的影响。哈罗德·拉斯韦尔（Harold Lasswell）于 1948 年在《传播在社会中的结构与功能》中提出了构成传播过程的五种基本要素，并按照一定的结构和顺序将它们排列，形成了后来的“5W 模式”或“拉斯维尔程式”过程模式。即认为传播过程由传播者（Who）、传播内容（Says What）、传播渠道（In Which Channel）、接收者（To Whom）和传播效果（With What Effect）五个要素和环节组成。1958 年，布雷多克（Bradock）在“5W 模式”的基础上增加了目的（With Which Aim）和环境（In Which Circumstance）两个要素，变成“7W 模式”。香农和韦弗（1949）从信息论的角度提出了传播过程模式，强调科技信息在传播过程中的作用，但未涉及人的功能性因素；奥斯古德（1954）认识到香农—韦弗模式的不足后，设计出传播的双行为模式，即在传播过程中每个人既是信息的发送者又是信息的接收者，具有双重行为。施拉姆（1954）在双重行为模式的基础上，提出了循环模式。奥斯古德和施拉姆强调人类活动的互动性，两者的研究成果打破了以往的单向传播模式。同样较为全面地提出传播过程互动模式的还有德弗勒（1966），与之前的单向传播模式不同，他认为传播是一个环形模式。这些研究所提出的循环互动是指传播过程是一个完全的闭环，不折不扣地回到出发点，丹斯提出，这种循环类比显然是错误的，因此他提出了螺旋模式以纠正这个错误。他认为，认识是螺旋式上升的（不是直线），在信息传播过程中，认识和信息是不断累加和扩大的。也正是这种积累造就了人类文明，不断地推陈出新。

基于对这个理论的梳理，我们认为，信息传播过程主要有信息的发送者和接收者两个主体组成；信息作为传播的内容，其构成也会极大地影响传播效果；媒介作为传播的工具会受到内外环境噪声的影响。因此，在互联网背景下发布平台的权威性会对传播效果的好与坏造成影响。

在对传播过程的研究中拉扎斯菲尔德提出了二级传播理论，将社会因素视为重要因素，是指信息的传播以意见领袖为中介，再由意见领袖将信息传播给大众，在这个过程中意见领袖可能会对信息进行过滤。但该理论提出，人与人之间的关系是大众传播过程中最重要的一环，舆论领袖在传播过程中发挥了重要作用。

随着互联网技术的发展，人们获取信息的方式也发生着转变，在网络上进行信息传播的行为占据了传播的大部分领地，互联网信息传播方式成为主流。“意见领袖”的概念也得到了发展与延伸。美国的 Burson-Marsteller 公司提出了“虚拟意见领袖”的概念，“虚拟意见领袖”在社区中拥有大量的粉丝，他们发表的言论常以很快的速度扩散和传播，并通常引领舆论。社会心理学家 Petty 和 Cacioppo（1983）提出了精细处理可能性模型（Elaboration Likelihood Model，ELM），他们认为消费者在接触到口碑以后，由于参与程度的不同，对口碑信息进行处理的路径也会呈现出不同：消费者参与程度较高时容易唤起自身的认知，这时对信息的处理将沿着核心路线进行；当消费者不具备信息处理的能力且参与程度较低时，消费者将沿着外围路线对口碑信息进行处理。

3.2 模型构建

通过第 2 章对口碑相关文献的梳理，目前关于网络口碑研究的特点

主要表现在三个方面：一是国内外对口碑的研究已较为丰富，但大多数学者关注正面口碑，对负面口碑的关注度不够。二是国内学者对负面口碑的研究结论大多数是负面口碑的消极影响，并未关注到其积极影响，国外学者虽然关注到了负面口碑的积极影响，并尝试去解答它，但总体来说尚处于研究的初步阶段。三是中国的互联网技术发展迅速，网络普及率已达到55.8%，并且手机网民规模有7.53亿，占总网民的97.5%，各类应用的规模增长明显[①]，口碑的传播态势呈现出与以往不同的特点，而目前对新环境下的网络口碑研究尚且不足。

而现实的情况是，品牌的粉丝，也就是个人品牌联结（Self-Brand Connection，SBC）较高的个人，往往对与品牌相关的负面口碑并不敏感，即使品牌出现了负面消息或口碑，如苹果之前出现的“天线门”事件，粉丝们也会将其视为个人的挫败，同样的伤痛加诸到自己身上，对自我产生威胁。品牌已经变成粉丝，粉丝已经变成品牌，他们的SBC已经强大到——你就是我、我就是你。为了保护自己，这些粉丝们会启动防御机制，帮助修复自我概念。因此，我们看到的结果就是，负面口碑并不总是起到消极作用，对与品牌相关的高SBC者来说，其作用甚至可能是积极的。

本书从网络口碑信息接收者的角度出发，关注网络负面口碑如何影响消费者的行为意愿。我们认为，品牌更像是一种人际关系，消费者对待品牌的失败就像是他们个人的失败，因为品牌被视为与自我紧密联系的一部分，根据自我控制理论，个体对行为结果的预期无法达到，个人内心的自我概念也会遭到破坏，即“自我威胁”。本书认为，负面口碑信息强度和口碑数量正向影响自我威胁，为了保持积极的自我观点，高个人品牌联结（SBC）会对品牌的失败作出防御性反应，包括相反的观

① 2018年发布的《第41次中国互联网络发展状况统计报告》，http：//www.cac.gov.cn/2018-01/31/c_ 1122346138.htm。

点（如提出与负面口碑信息相反的观点）、源头克减（如认为来源不可靠或者认为抱怨的人过于情绪激动）和支持性论据（支持负面口碑的观点）。因此，尽管品牌表现不佳，但对品牌的评价却是积极的。基于上述思路，本书的理论模型如图 3-1 所示。

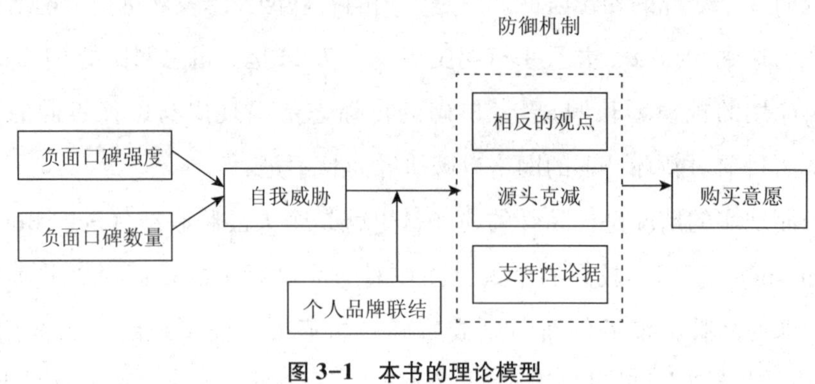

图 3-1　本书的理论模型

3.3　变量定义与研究假设

3.3.1　负面口碑信息特征

文献研究显示，网络负面口碑对消费者态度、购买意愿以及对企业品牌都具有负面影响。Lee（2010）认为，负面口碑能够对消费者的购买决策提供信息判断，对用户产品态度产生显著的破坏力。陶晓波（2013）提出了网络负面口碑对消费者态度的影响机理，认为负面口碑会对消费者的购买意愿产生负面影响，并提出了应对策略。Yang（2010）、龚玲（2008）、张晓飞和董大海（2011）、宋晓兵（2011）等学者都持有相同的观点，即认为负面口碑会对消费者态度产生消极的影响。

（1）负面口碑信息强度

包括 Amdt（1967）、Richin（1983）、Lau（2001）和 Herr 等（1991）在内的许多学者的研究都已证实了负面口碑的巨大影响力。网络负面口碑信息强度是指在网络上信息发送者给予信息接收者负面口碑时，使接收者感知到的负向强烈程度。因负面信息强弱不同，其所带来的影响也会随之变动。强度较高的负面口碑常常会使消费者印象深刻。

负面口碑往往来自不满的消费体验，商家的服务失误意味着一种冲突形势。Cheng（2012）认为，具有高个人品牌联结者的个人会将品牌的失败当作自己个人的失败。也就是说，商家的服务失误导致了消费者自我概念的破坏，消费者也就产生了自我威胁（Baumeister，1996）。由于每个人的自我概念具体内容不一样，负面口碑对每个顾客的自我威胁认知也不一样，因此当负面口碑出现的时候，每个顾客所感受到的伤害是不一样的。因此，本研究提出假设：

H1：负面口碑信息强度越大，消费者越不倾向于购买该品牌的商品。

H2：负面口碑信息强度越大，消费者越会感觉到更大的自我威胁。

（2）负面口碑信息数量

在对口碑效应的研究中，口碑信息的数量在消费着的态度影响上起着举足轻重的作用。产品的口碑量越大不仅能够让更多的人知晓，同时后来的消费者也会推测这个产品的质量与其他产品相比更好，作为企业也会优先推荐口碑量大的产品。也就是说，产品负面口碑数量越多，也就会有越多的消费者知道其负面消息，同时推测产品的质量可能会差，从而减少消费者购买产品的可能性。对于负面口碑来说，在实践中消费者往往会注意到产品的负面口碑，以此来减少购买风险。因此，本研究提出假设：

H3：负面口碑信息数量越多，消费者越不倾向于购买该品牌的产品。

H4：负面口碑信息数量越多，消费者越会感觉到更大的自我威胁。

3.3.2 自我威胁

自我威胁是衡量自我概念受到破坏的心理状态。根据自我控制理论，个体对行为结果的预期是个体关于自我概念的一系列自我控制计划，一旦预计的结果无法实现，自我控制计划将会受到挫败，个人内心的自我概念也将会受到破坏（Kowalski，R. M. and Cantrell，1996；Roy F. Baumeister，Dawn Dhavale，Dianne M. Tice，2003；Levine，1994；Kowalski，Robin M9，2002；Sivakumar，Jagdip Singh，1999）。消费者在进行产品或服务购买时必定存在一定的预期，一旦服务出现失误就会引起消费者的不满，负面口碑的出现就意味着商品或服务提供者的表现低于顾客预期，消费者的自我概念遭到了挑战甚至是破坏，这种情况我们称之为“自我威胁（Self-threat）”（Baumeister，1996）。

目前，关于自我概念的研究还没有形成一个系统、有序的体系（Americus Reed Ⅱ，2002），因此，自我威胁还是不能获得一致、确定的统一构念。本书主张 Buss（1980）的自我概念观，自我概念是一个内外平衡的体系，个体以社会预期为参考对自我作出调整。Buss 把自我概念划分为私人自我（Self-private）和公开自我（Self-public）。私人自我是指一个人的内心情感和情绪变化，同自我认同的内容相关，私人自我的变化他人很难知道（Erickson，Mary K.，1996；Buss，1980）。公开自我与私人自我不同，公开自我是一个人向社会公开展示的一面，与社会认同相关（Buss，1980）。

根据 Buss 等对自我概念的划分，本书将自我威胁划分为相对应的私人自我威胁和公开自我威胁两个维度。Campbell 和 Sedikides（1999）

则进一步地完善自我威胁的构架。私下自我威胁是指个体在遇见自己不想要或不喜欢的结果时，自己的内心情感和情绪受到破坏、挫败或愚弄的程度；而公开自我威胁则是个体在遇见自己不想要或不喜欢的结果时，自己的社会形象或社会尊重受到挑战、损害或贬低的程度（Marie Marquis，Pierre Filiatrault，2002）。

在社会心理学和消费者文献中都已经证明了个人积极防御自我威胁的动机。具有防御动机的人通过防御性的尝试来抵制这种说服（Liberman 和 Chaiken，1992；R. E. Petty 和 Cacioppo，1979）。防御性信息处理大体包括三种不同的抵抗策略。首先，个人可以参与反驳，消息接收者通过积极地反对信息来进行反驳，以回应消极的劝说尝试（Shin 等，2014）。其次，个人可能会减损信息来源。例如，Laczniak 等（2001）发现，当个人将口碑否定性归于沟通者时，品牌评价可以得到保护。最后，个人可能会通过支持负面口碑论据的方式进行自我保护，（Liberman 和 Chaiken，1992；R. E. Petty 和 Cacioppo，1979）。基于以上分析，本研究提出假设：

H5：消费者感受到的自我威胁程度越高，采用防御机制的意愿越强烈。

3.3.3 防御机制

防御机制（Defense Mechanism）也称为自我防御机制、心理防御机制等，是由弗洛伊德提出的心理学名词，是自我对本我的压抑，这种压抑是一种潜意识的防御功能，为了避免精神上的痛苦或者紧张而有意无意使用的心理上的调整。这种抵制主要包括三种手段：相反的观点、源头克减和支持性论据（Kamins 和 Assael，1987；Wright，1973）。相反的观点是指消费者在接触负面口碑之后，提出与负面口碑相反的观点，与之进行辩论；源头克减是消费者指出消息来源不可靠，如传递消息的人情绪过于激动、发布消息的平台并不权威等；支持性论据是消费者对负面口碑信息的肯定。

（1）相反的观点（Counterargument）

当传入的信息与现有的信念系统进行比较时，反馈被激活，并且注意到差异。被激活的自发性思维被认为是抵消或反驳消息证据。例如，金典牛奶的负面口碑表达了牛奶不安全、添加剂过多，在这种情况下，个人品牌联结较高者可能会回应：金典是“0 污染，0 添加”，并且自己一直在喝，牛奶很安全。

（2）源头克减（Source Derogation）

另一种类型的阻力反应侧重于信息的来源。源头克减响应可以作为反驳的替代品，并且在源头容易被视为有偏见的情况下可能会频繁使用。个人可能自发地背离具体的发言人或发起组织（“他们从来不尊重我的智力”）或广告（“另一个洗脑工作”）。源头克减过程对接受广告争论的影响可能与反驳的影响一样具有破坏性。例如，来自小报消息的可信度远不如国家媒体的信息可信度。

（3）支持性论据（Support Argument）

我们认为，消费者在遭遇品牌失败以及与品牌相关的负面口碑之后，会对自我概念进行破坏，进而产生自我威胁。由于个人品牌联结较高的消费者对品牌的表现评价与自我评价密切相关，当他们高度关联的品牌失败时，会对自我评价构成威胁。为了回应自我评估的威胁，个人有很高的积极性来恢复积极的自我评估，并且很容易采取防御行为来实现这个目标（Sedikides 和 Gregg，2008；Steele，1988）。消费者的这种态度就是对自我进行肯定。因此，本研究提出假设：

H6：消费者采用防御方式对负面口碑进行抵制的意愿越强，消费者的购买意愿越大。

H6a：“相反的观点” 和 “源头克减” 这两种方式对购买意愿的影

响是正向的。

H6b："支持性论据"对购买意愿的影响是负向的。

3.3.4 个人品牌联结

个人品牌联结旨在衡量个人将品牌融入自我概念的程度（Escalas 和 Bettman，2003）。消费者关于品牌的一系列联想是品牌价值的重要组成部分。Escalas 和 Bettman（2003）发现消费者使用的品牌可以与消费者自我心理表征相联系，因为他们使用这些品牌来定义和创建他们的自我概念。

Escalas 和 Bettman（2005）的研究也表明，个人品牌联结会影响消费者的购买行为。具体来说，个体的自我概念与品牌形象之间相一致时能够刺激消费者产生购买动机，并且一致性越高对购买动机的影响越大（Sirgy，1982）。Cheng（2012）认为，拥有高自我品牌联结的个人会对消极的品牌信息作出反应，就像他们对待个人的失败一样，尽管存在消极的品牌信息，消费者也能保持良好的品牌评价，高品牌联结消费者不愿降低品牌评估可能是出于保护自我。Wilson（2017）认为，网络负面口碑的效果将受到消费者个人品牌联结的调节，并通过三个研究试验证实了这一假设。为了说明消费者与品牌之间的关联（即品牌形象与群体表达意愿的一致性），并且消费者在构建其自我身份时可能会占用此类含义，Wilson 举了一个例子：如果一个人认为自己是一名知识分子，而且他所归属的知识分子群体倾向于驾驶沃尔沃，那么他也会很大可能地选择驾驶一辆沃尔沃作为"我是多么知性"的象征。因此，消费者可以与其所属参考群体使用的品牌形成自我品牌联系。Rahul Chawdhary（2015）认为，个人品牌联结能够影响人们的口碑行为，参与者与品牌之间的联结强度部分地调节负面信息对购买意愿的影响，同时对负面口碑的影响比正面口碑更强。

因此，本研究提出以下假设：

H7：对于个人品牌联结较高的消费者而言，网络负面口碑强度越大其品牌购买意愿越强烈。

H8：对于个人品牌联结较高的消费者而言，网络负面口碑数量越多其品牌购买意愿越强烈。

H9：个人品牌联结在自我威胁对防御机制的影响中起调节作用。

本章是全书的第三部分，主要包括构建理论模型和变量定义与假设的提出。在模型构建之前首先回顾了模型构建的理论基础，为模型构建提供支持。在模型构建上，从网络口碑信息接收者的角度出发，关注网络负面口碑如何影响消费者行为意愿。高个人品牌联结者对待品牌的失败就像是他们个人的失败，负面口碑的出现使他们内心的自我概念遭到破坏，出现自我威胁，进而启动防御机制，最终保持了对品牌的积极评价。

模型的研究内容主要包括两个部分，研究一包括四个假设，研究二包括七个假设。我们对假设进行了汇总，如表 3-1 所示。

表 3-1　假设检验汇总

研究内容	假设	假设内容
研究一： 检验对于高个人品牌联结者而言，网络负面口碑对消费者购买意愿是否存在积极影响	H1	负面口碑信息强度越大，消费者越不倾向于购买该品牌的商品
	H3	负面口碑信息数量越多，消费者越不倾向于购买该品牌的产品
	H7	对于个人品牌联结较高的消费者而言，网络负面口碑强度越大其品牌购买意愿越强烈
	H8	对于个人品牌联结较高的消费者而言，网络负面口碑数量越多其品牌购买意愿越强烈

续表

研究内容	假设	假设内容
研究二： 解释研究一结果产生的原因及其内在机制	H2	负面口碑信息强度越大，消费者越会感觉到更大的自我威胁
	H4	负面口碑信息数量越多，消费者越会感觉到更大的自我威胁
	H5	消费者感受到的自我威胁程度越高，采用防御机制的意愿越强烈
	H9	个人品牌联结在自我威胁对防御机制的影响中起调节作用
	H6	消费者采用防御方式对负面口碑进行抵制的意愿越强，消费者的购买意愿越强
	H6a	“相反的观点”和“源头克减”这两种方式对购买意愿的影响是正向的
	H6b	“支持性论据”对购买意愿的影响是负向的

4 研究设计与数据收集

本书参考已有的对相关变量的测量量表，结合本书的内容，设计出各变量的测量问项。用制定好的初始问卷进行小规模访谈，进而对初始问卷进行修订，确定出最终的问卷，保证其真实可靠。最后将问卷发放出去，基于数据的搜集，为后续的实证分析提供支持。本章包括两部分内容：研究设计部分和数据收集部分。

4.1 研究设计

4.1.1 研究变量的测量

（1）负面口碑信息强度

黎小林（2007）在负面口碑对顾客购买意愿的影响研究中，通过访谈和实证，将“情感是强烈的”“感到印象深刻”“语气坚定”“态度负责”“具有说服力”作为研究的测项。李慧（2008）将经济型酒店作为研究对象，考察负面口碑对顾客购买决策的影响，在黎小林研究的基础上将“负面程度很高”也加入测项中。我们在参考了这些学者的研究之后，将本研究的测量量表整理如下，如表 4-1 所示。

表 4-1 网络负面口碑信息强度的测量量表

变量名	编号	问 项	参考来源
负面口碑信息强度	WS1	发送者所给予的负面口碑信息的负面程度很高	黎小林（2007）；李慧（2008）
	WS2	发送者所给予的负面口碑信息，让您感到印象深刻	
	WS3	发送者所给予的负面口碑信息，有很多人回帖	
	WS4	发送者所给予的负面口碑信息，语气是十分坚定的	

（2）负面口碑信息数量

Wasko 和 Faraj（2005）对人们在网络中的知识贡献行为进行了研究，指出知识贡献的总量可以使用回复总数来进行测量。Schbert 和 Selz（1999）对网站的有效性进行研究时使用网页的数量、聊天频率、回复数量、电子邮件的数量进行测量。毕继东（2010）在中国本土的环境下，进行了负面网络口碑对消费者行为意愿的影响研究，提出了口碑数量作为口碑传播的前因变量，其能够显著影响接收者的感知风险和信任。本书参考上述研究，设计了网络负面口碑数量的测量量表，具体如表 4-2 所示。

表 4-2 网络负面口碑数量的测量量表

变量名	编号	问 项	参考来源
负面口碑数量	WQ1	我在不同的虚拟社区都看到相类似的负面口碑信息	毕继东（2010）
	WQ2	该负面口碑信息有许多留言者支持	
	WQ3	该负面网络口碑信息被复制到多个网页	
	WQ4	消费者发布了许多类似的负面口碑信息	
	WQ5	通过搜索引擎能搜索到很多类似的负面网络口碑信息	

（3）自我威胁

Buss（1980）把自我概念划分为私下自我（Self-private）和公开自我（Self-public）。根据这个划分，本书把自我威胁分为私下自我威胁和公开自我威胁两个维度，Campbell 和 Sedikides（1999）则进一步完善了自我威胁的构架。Baumeister（2003）采用 2（自我威胁：主要、次要）×2（性别：男性、女性）×2（订单：主要先期、次要先期）混合设计进行了实验。在对自我威胁进行测量时采用“感到与自己遥远”“感觉麻木”“世界看起来很奇怪”“无法行动”作为测项。Campbell（1996）在对自我威胁进行测量时采用“妨碍交流”“丢面子”“没有受到尊重”等测项。参考上述研究，本书设计了自我威胁的测量量表，具体如表 4-3 所示。

表 4-3　自我威胁的测量量表

变量名	编号	问　项	参考来源
私下自我威胁	SPR1	在这样的情境中，我会更努力地克制自己的不良情绪	Baumeister，2003；Campbell，1996
	SPR2	我内心深处会有一种莫名的郁闷	
	SPR3	出现这种情景，会让我的内心感到烦躁和不安	
	SPR4	这种情景会让我感到一种不想说的难受	
公开自我威胁	SPU1	这会妨碍我和同伴进行交流	
	SPU2	这种情景会让我觉得很丢面子	
	SPU3	这种情景我觉得自己没有受到尊重	
	SPU4	这种情景我能够更好地展示自己	
	SPU5	这不利于我的社会交往	

（4）防御机制

通过文献回顾发现防御机制有三种主要手段：提出相反的观点、源头克减和支持性论据（Kamins 和 Assael，1987；Wright，1973），并给出了这三种手段的测项，即相反的观点（Counterargument）包括“说明使用该产品的具体不利后果”“说明产品的特定不良属性”“问题的替代方法”等测项；源头克减（Source Derogation）包括“不信任来源”“不喜欢文稿中使用的手段”等测项；支持性论据（Support Argument）

包括“说明具体有利后果”“陈述理想属性”等测项。本书借鉴上述研究结果，设计了防御机制的测量量表，具体如表 4-4 所示。

表 4-4 防御机制的测量量表

变量名	编号	问项	参考来源
相反的观点	COU1	说明使用该产品的具体有利后果或使用该产品的有利理由	Wright，1973；Kamins 和 Assael，1987
	COU2	陈述产品的特定理想属性	
	COU3	表明不使用特定产品的不良后果	
	COU4	质疑负面口碑信息中包含的特定论证的准确性或有效性	
源头克减	SOU1	表示不信任或克减广告的声明	
	SOU2	表示不喜欢本演示文稿中广告客户使用的整体手段	
支持性论据	SUP1	说明使用该产品能带来的具体利益的具体不利后果	
	SUP2	说明产品的特定不良属性	
	SUP3	陈述替代产品的具体有利或理想的后果或属性	
	SUP4	重申负面口碑所提出论点的准确性或有效性	

(5) 个人品牌联结

对个人品牌联结的测量参考 Escalas 等（2003，2005）开发的成熟量表，结合本书的内容，最终保留了“该品牌反映了我是谁”“我觉得我与该品牌之间具有个人的联系”等四个测项，具体如表 4-5 所示。

表 4-5 个人品牌联结测量量表

变量名	编号	问项	参考来源
个人品牌联结	SBC1	该品牌反映了我是谁	Escalas 和 Bettman，2003，2005
	SBC2	我觉得我与该品牌之间具有个人的联系	
	SBC3	我使用该品牌向他人表明我是谁	
	SBC4	我认为该品牌非常适合我	

(6) 购买意愿

购买意愿的测项参考 Zeithaml 等（1996）和 J. D. Power（2013）在

研究中所使用的测项，前者的测项包括三个，分别是“如果我需要一个新产品，我会考虑购买这个品牌”“我会告诉我的朋友们这个品牌”“如果有人问我，我想说我会考虑购买这个品牌。”后者的测项也包括三个：“你有多大可能会再次选择这个品牌？”“有多大可能会将其推荐给朋友、亲戚或同事”“下次面临同样的选择，您是否仍会选择这个品牌”。本书参考上述研究，设计了购买意愿的测量量表，具体如表4-6所示。

表4-6 购买意愿测量量表

变量名	编号	问 项	参考来源
购买意愿	PI1	你是否会选择再次购买该产品	Zeithaml 等，1996；J. D. Power，2013
	PI2	你是否会向朋友、亲戚、同事推荐该商品	
	PI3	该负面口碑改变了我对M品牌的看法	

4.1.2 实验方法设计

本书采用2（负面口碑强度：高、低）*2（负面口碑数量：多、少）*2（个人品牌联结：高、低）的组间实验设计来检验各项假设。这三个自变量被操纵为高、低两个程度，共有八个实验组。

第1组：高强度、数量多、高SBC；

第2组：低强度、数量多、高SBC；

第3组：高强度、数量少、高SBC；

第4组：高强度、数量多、低SBC；

第5组：低强度、数量少、高SBC；

第6组：低强度、数量多、低SBC；

第7组：高强度、数量少、低SBC；

第8组：低强度、数量少、低SBC。

在数据的采集上，采用问卷的方式进行。Wilson（2007）的研究发现，不同的产品类别所具有的身份相关性是不同的，服装是最具相关性的，其次是智能手机，酒店是最不体现身份相关性的。因此，我们将服装中的针织衫作为实验产品，品牌来源于淘宝上一个不起眼的品牌（小宜定制）的消息，以保证人们事先不知道这个品牌。我们觉得这种方法比使用虚拟品牌口碑要好，因为任何我们自己创作的口碑信息都可能与实际品牌展示的专业性不相匹配。

在对网络口碑数量的控制上，刘中刚（2015）认为消费者仔细阅读的网络口碑通常在10条左右，负面信息占全部信息的比例在1/5~2/5为宜，位置处于中间偏前效果最佳。杨学城（2016）在使用微博负面口碑进行实验时，将高数量负面口碑设定为50条，将低数量负面口碑设定为30条。参考这些学者的研究，从“小宜定制”商品评论中筛选10条纯好评，为避免负面口碑的客观性（涉及服装质量等实质性问题）和主观性（仅仅是主观情绪表达，无实质内容）带来的影响，筛选客观负面口碑3条、主观负面口碑2条。本研究在采用的10条评价中，将负面口碑数量多的设定为5条，数量少的设定为3条，并将其放置在中间偏前位置，各版本之前和之后评论均相同。

问卷包括4个部分：问卷介绍、个人信息、场景设置与问卷正文。在问卷调查中对各变量的测量均采用Likert七级量表，1~7代表完全不同意、不同意、有点不同意、一般、有点同意、同意、完全同意。问卷中对个人信息的设置参考2018年发布的《第41次中国互联网络发展状况统计报告》中对网民结构特征的分类。

4.1.3 实验准备

实验场景的设置包括：

（1）个人品牌联结高、低场景的设置

高个人品牌联结场景设置。请想象您正身处这样一个场景：M 品牌是一家服装品牌，您是 M 品牌的死忠粉（高度忠诚的粉丝），您认为这个品牌所传达的形象与自我形象高度一致，这个品牌无论是风格、剪裁还是面料，您都觉得非常适合自己，能体现出自己的穿衣品位。长期以来，您常常在购买衣物时将这个品牌作为首选，这个品牌就像您多年的朋友一样，您对它非常信赖。日前，您需要购买一件针织衫，您首先看了 M 品牌的一件黑色针织衫，模特试穿搭配您非常喜欢，剪裁和材质也很满意，正是您想要的那一款。

低个人品牌联结场景设置。请想象您正身处这样一个场景：近日，您需要购买一件针织衫，在网上浏览时看到了 M 品牌，他们家的一件黑色针织衫您觉得还不错。

（2）网络负面口碑强度与数量场景设置

从小宜定制针织衫商品评论中选取的五个高强度负面口碑信息：

客观型负面口碑：

叶＊＊1：衣服特别不好，比这个价格低的都要比这个好，里面的线头真的是超级多，很失望，面料也不好，要不是因为吊牌剪了，我早就退货了。

1＊＊7：只穿了 10 分钟表面就严重起球了，全部，这个材料表面一层绒的，简直就是起球 NO.1，起球真的很难看。

丁＊＊7：买了 M 家衣服好几年了。发现现在价格越来越高，衣服的质量却越来越差了，这么贵的衣服，买回来那么薄，细节也没有以前的好了。

主观型负面口碑：

s＊＊6：等了10天才发货，收到衣服我妈说看颜色像是我爹的衣服……不会回购。

j＊＊y：客服态度差，买之前问她年前能不能发货和让她改运费，这么几句话等了两三个小时。第一次在这家店买衣服，以后不会再来买了。

从小宜定制针织衫商品评论中选取的5个低强度负面口碑信息：

客观型负面口碑：

尹＊＊麟：毛衣就是薄了点，不过款式我喜欢。

陈＊＊8：衣服上身很舒服，也很百搭，就是黑色太爱粘毛了，但胜在款式。

毛＊＊程：质量不错，保暖效果挺好，穿了几天袖口有些起球，还算满意。

主观型负面口碑：

有＊＊7：穿不出宜照片中的宽松感，不开心，一点儿都不时尚。

偶＊＊曲：发货太慢了吧，双十一订的，双十二才到，又不送优惠券。

从小宜定制针织衫商品评论中选取的10个正面口碑信息：

吴＊＊a：因为模特的搭配好看，所以两件一起买！穿起来舒服合身，看起来超有质感！推荐给大家。

掌＊＊6：非常不错，手感很柔软，炒鸡适合打底。

小＊＊鼠：羊毛的就是和普通的针织不一样，虽然也是薄薄的，但是保暖性能非常好，很值得！

C＊＊民：质感真的很好，柔软舒服，完全可以贴身穿，合身偏宽松的版型，可以叠穿在宽松的毛衣里，气质chic感，黑色就是很基础款但是无敌百搭，每件都是搭配小能手。

高＊＊4：很好看、很不错、很喜欢，小宜家衣服质量不错，款式好看，而且很显瘦，每次上新款可以放心地买几件，完全不用出门逛街了，一直走在潮流前沿！哈哈哈，很喜欢。

E＊＊l：很喜欢，搭配卡其色、驼色系很好看，相信怡宝的质量，不扎脖子还蛮亲肤的，挺显瘦显白的，喜欢喜欢喜欢喜欢喜欢喜欢喜欢。

雨＊＊田：身高169体重57，买的L号，穿着很宽松。面料柔软，不扎人，穿了三四天还没出现起球的现象~保暖性还可以，很适合打底，款式简单大方。

H＊＊l：黑色巨百搭和巨显瘦，也很百搭，面料比较舒服。

紫＊＊6：款式很简单的打底衫款，属于那种一眼不会惊艳但是很耐看。上身脖子不扎，我皮肤比较敏感。

S＊＊u：打底衫，挺漂亮的，米白色，很百搭，显得气色好极了，隔壁办公室的同事还叫我帮她拍呢，以后还会来的。

根据场景的设计和上一小节所搜集的相关变量，本研究设计出初始问卷。为了保证问卷的内容效度，本研究通过小规模访谈和问卷前测对发现的问题进行修改，最终形成正式的调研问卷（见附录）。修正后，包括8个变量，30个测量问项。具体如表4-7所示。

表4-7　访谈修正后研究变量测量量表汇总

变量名	编号	问　项	参考来源
个人品牌联结	SBC1	M品牌能够反映我是一个什么样的人	Escalas和Bettman，2003，2005
	SBC2	我觉得我与M品牌之间具有某种联系	
	SBC3	我使用M品牌向他人表明我是谁	
	SBC4	我认为M品牌非常适合我	
负面口碑信息强度	WS1	M品牌负面口碑信息的负面程度很高	黎小林，2007；李慧，2008
	WS2	M品牌负面口碑信息让我感到印象深刻	
	WS3	M品牌负面口碑信息语气是十分坚定的	

续表

变量名	编号	问　项	参考来源
负面口碑数量	WQ1	消费者发布了许多类似的负面口碑信息	毕继东，2010
	WQ2	M 品牌的网络负面口碑数量很多	
	WQ3	M 品牌负面口碑信息有很多人在讨论	
购买意愿	PI1	你会选择再次购买 M 品牌的商品	Zeithaml 等，1996；J. D. Power，2013
	PI2	你会向朋友、亲戚、同事推荐 M 品牌	
	PI3	该负面口碑改变了你对 M 品牌的看法	
私下自我威胁	SPR1	我会产生负面情绪	Baumeister，2003；Campbell，1996
	SPR2	我内心深处会有一种莫名的郁闷	
	SPR3	这让我的内心感到烦躁和不安	
	SPR4	我感到一种不想说的难受	
公开自我威胁	SPU1	这会妨碍我和同伴进行交流	
	SPU2	这种情景会让我觉得很丢面子	
	SPU3	这种情景使我觉得自己没有受到尊重	
	SPU4	这不利于我的社会交往	
相反的观点	COU1	强调 M 品牌的商品给自己带来了哪些方便	Wright，1973；Kamins 和 Assael，1987
	COU2	说明 M 品牌产品具有某种特定的理想属性	
	COU3	表明不购买 M 品牌商品会带来哪些麻烦	
	COU4	质疑这些负面信息中论证的准确性或有效性	
源头克减	SOU1	质疑这些负面口碑的信息来源	
	SOU2	表示不喜欢负面口碑表达中使用的语句或措辞	
支持性论据	SUP1	说明购买 M 品牌商品给自己带来的麻烦	
	SUP2	说明 M 品牌商品的缺点和不足	
	SUP3	陈述替代产品具有的某种理想属性	
	SUP4	重申和支持这些负面口碑所提出的观点	

4.1.4 问卷前测

(1) 前测的方法与标准

1) 信度分析

信度是指测量结果的稳定性，即在同样的环境下用相同的手段进行测量时，结果之间的一致性程度。本研究通过 Cronbach'sα 值来评估信度。Cronbach'sα 系数越高，说明测量结果越稳定，一般认为其值应该大于 0.7（李怀祖，2004），也有学者认为大于 0.6 即可。

2) 效度分析

效度是指测量的有效性，即测量到的结果与预想测量目标的接近程度，分为内容效度和结构效度。内容效度是指每个测项在多大程度上覆盖了研究目的的要求，是主观的评价指标，通常可以通过访谈和文献分析方法进行评估。本研究的测项是在文献回顾的基础上提出的，并进行了小规模访谈。所以本研究问卷具有较好的内容效度。结构效度主要包括收敛效度和区分效度，这两项评估能够对变量的一致性和差异性进行测量。

结构效度的评估就是使用测量工具，从各个角度对测量结果作出全方位的测量评价和论证。本研究采用探索性因子分析（Exploratory Factor Analysis，EFA）测量结构效度。在进行测量之前首先通过 KMO 样本测度和 Bartlett 球体检验两种方法看是否适合做因子分析，之后经 Varimax 旋转提取特征值大于 1 的因子或者根据需要提取特定个数的因子。KMO 的值越大，表示越适合做因子分析，一般认为应大于 0.5，Bartlett 统计值与显著性水平作对比，小于预设的显著性水平时较好。

(2) 前测数据收集

对前测数据的收集，本研究采用在线问卷发放的方式，最终收到有

效电子问卷70份。根据这些样本对问卷的KMO值、Bartlett显著性水平和因子抽取个数进行测量，进而评价问卷的效度和信度。

（3）前测的结果

1）结构效度

本研究将30个测量问项分为负面口碑信息强度和数量、个人品牌联结和自我威胁与防御机制、购买意愿三个部分进行探索性因子分析。表4-8、表4-10、表4-12显示变量的KMO为0.869、0.875、0.634，并且Bartlett球体检验都显著，说明这些问项都适合做因子分析。

对三组变量进行主成分分析，分别提取出2个、4个、1个因子，表4-9、表4-11、表4-13显示了旋转后因子矩阵的信息。中介变量（自我威胁和防御机制）和调节变量提取出5个因子，经分析为个人品牌联结、自我威胁、防御机制中的源头克减、相反观点和支持性论据。三组变量经旋转后的累积解释方差为：负面口碑信息强度和数量76.254%、中介变量和调节变量70.242%、购买意愿70.163%。对三组变量结构效度的分析显示，问卷的测量问项具有较好的区分效度。

表4-8 KMO和Bartlett的检验（负面口碑强度和数量）

KMO和Bartlett的检验·			
KMO值·		0.869	
Bartlett球形度检验	近似卡方·	353.562	
	df	15	
	p值	0.000	

表4-9 旋转后因子矩阵（负面口碑强度和数量）

	成分	
	1	2
网络负面口碑信息强度1	0.740	0.517
网络负面口碑信息强度2	0.390	0.856

续表

	成分	
	1	2
网络负面口碑信息强度 3	0. 316	0. 893
网络负面口碑数量 1	0. 896	0. 313
网络负面口碑数量 2	0. 894	0. 349
网络负面口碑数量 3	0. 848	0. 343

表 4-10　KMO 和 Bartlett 的检验（中介变量与调节变量）

KMO 和 Bartlett 的检验·		
KMO 值·		0. 732
Bartlett 球形度检验	近似卡方·	910. 691
	df	231
	p 值	0. 000

表 4-11　旋转成分矩阵（中介变量与调节变量）

	成分				
	1	2	3	4	5
个人品牌联结 1	0. 002	0. 244	0. 811	0. 176	-0. 272
个人品牌联结 2	0. 097	0. 247	0. 807	0. 145	-0. 11
个人品牌联结 3	0. 144	0. 092	0. 884	0. 015	0. 107
个人品牌联结 4	0. 054	-0. 04	0. 754	0. 19	0. 321
自我威胁 1	0. 878	0. 029	0. 035	0. 125	0. 015
自我威胁 2	0. 805	0. 104	0. 025	0. 229	-0. 071
自我威胁 3	0. 842	0. 272	-0. 026	0. 182	0. 018
自我威胁 4	0. 891	0. 043	0. 159	0. 193	0. 119
自我威胁 5	0. 539	0. 621	0. 129	0. 2	0. 037
自我威胁 6	0. 706	0. 404	0. 261	0. 165	0. 176
自我威胁 7	0. 681	0. 43	0. 152	0. 199	0. 153

续表

	成分				
	1	2	3	4	5
自我威胁 8	0.482	0.761	0.133	0.094	-0.166
防御机制 1	0.177	0.265	0.567	0.597	0
防御机制 2	0.114	0.07	0.554	0.452	0.449
防御机制 3	0.463	0.327	0.362	0.492	0.149
防御机制 4	0.284	-0.062	0.166	0.811	0.159
防御机制 5	0.34	0.1	0.19	0.808	0.08
防御机制 6	0.199	0.409	0.106	0.714	-0.354
防御机制 7	0.233	0.594	0.03	0.079	0.661
防御机制 8	0.119	0.879	0.182	0.065	-0.023
防御机制 9	0.165	0.667	0.054	0.416	0.315
防御机制 10	0.065	0.81	0.182	0.008	0.106

表 4-12　KMO 和 Bartlett 的检验（购买意愿）

KMO 和 Bartlett 的检验·		
KMO 值·		0.634
Bartlett 球形度检验	近似卡方·	61.031
	df	3
	p 值	0.000

表 4-13　成分矩阵（购买意愿）

	成分
	1
购买意愿 1	0.832
购买意愿 2	0.905
购买意愿 3	0.771

2）信度

本研究对 8 个变量的信度进行检验，具体结果如表 4-14 所示。从中可以看出，所有变量的 Cronbach's α 都大于 0.7，本研究的测量问项具有较高的信度。

表 4-14　变量的信度评价

变量	问项数	Cronbach's α
负面口碑信息强度	3	0.878
负面口碑信息数量	3	0.862
个人品牌联结	4	0.847
自我威胁	8	0.934
相反的观点	4	0.843
源头克减	2	0.799
支持性论据	4	0.857
购买意愿	3	0.822

通过上述分析，本研究最终确定了 8 个变量，包括 30 个问项，并且这些问项都通过了信度和效度的检验。在此基础上，确定了最终的调查问卷，作为后续收集数据的工具。

4.2　数据收集

本研究的电子问卷在问卷星网站上制作完成，问卷的填写通过两种方式实现：一是通过网络社交媒体，如微信、QQ 等，将问卷的链接地址发送给自己的同学、朋友，并建议对方让自己的熟人参与答题。二是问卷星上的申请推荐，通过付费的方式，问卷星将本研究的问卷自动推荐给每天超过 50 万名访问者填写，通过此种方法问卷的回收速度较快。

本研究的调查时间为 2018 年 2—3 月，为期 1 个月。本研究问卷共收到 555 份，第一组 66 份，第二组 70 份，第三组 52 份，第四组 70 份，第五组 64 份，第六组 54 份，第七组 52 份，第八组 61 份。有效问卷 370 份，有效率为 66.5%。根据样本容量的要求，本研究的八个组，每组问卷删除无效问卷后从剩余的问卷中随机抽取 40 份，共计 320 份。对于无效问卷的删除，主要原因为答题不认真、随意应付，如连续三四个变量的题项答案都是一样的。

5 数据分析

5.1 数据描述性统计

5.1.1 样本基本特征描述

表 5-1 研究样本的人口特征变量统计

指标	指标值	样本数	百分比（%）
性别	男	150	46.9
	女	170	53.1
年龄	19 岁及以下	18	5.6
	20~29 岁	188	58.8
	30~39 岁	78	24.4
	40~49 岁	24	7.5
	50 岁及以上	12	3.8
学历	高中（含）以下	29	9.1
	本科	249	77.8
	硕士	34	10.6
	硕士以上	8	2.5
职业	党政机关事业单位工作者	34	10.6
	企业公司管理人员	65	20.3
	学生	98	30.6
	公司一般职员	73	22.8
	自由职业者	22	6.9

续表

指标	指标值	样本数	百分比（%）
职业	个体户	10	3.1
	离退休人员	3	0.9
	无业/下岗/失业	4	1.3
	其他	11	3.4

5.1.2 叙述性统计分析

问卷中问项的测量部分采用 Likert 七级量表正向记分。对回收的数据采用 SPSS19.0 软件进行分析。表 5-2 显示了本研究变量的平均值及标准差。

表 5-2 本研究各变量问项的均值和标准差

变量名	问 项	均值	标准差
个人品牌联结	M 品牌能够反映我是一个什么样的人	4.25	1.557
	我觉得我与 M 品牌之间具有某种联系	4.17	1.629
	我使用 M 品牌向他人表明我是谁	3.94	1.597
	我认为 M 品牌非常适合我	4.53	1.632
负面口碑信息强度	M 品牌负面口碑信息的负面程度很高	4.10	1.513
	M 品牌负面口碑信息让您感到印象深刻	4.45	1.468
	M 品牌负面口碑信息语气是十分坚定的	4.28	1.493
负面口碑数量	消费者发布了许多类似的负面口碑信息	4.20	1.493
	M 品牌的网络负面口碑数量很多	4.03	1.532
	M 品牌负面口碑信息有很多人在讨论	4.33	1.493
购买意愿	我会选择再次购买 M 品牌的商品	4.54	1.479
	我会向朋友、亲戚、同事推荐 M 品牌	4.20	1.609
	该负面口碑改变了我对 M 品牌的看法	4.75	1.437

续表

变量名	问 项	均值	标准差
自我威胁	我会产生负面情绪	4.45	1.336
	我内心深处会有一种莫名的郁闷	4.25	1.464
	这让我的内心感到烦躁和不安	3.98	1.425
	我感到一种不想说的难受	3.81	1.436
	这会妨碍我和同伴进行交流	3.50	1.504
	这种情景会让我觉得很丢面子	3.42	1.507
	这种情景让我觉得自己没有受到尊重	3.58	1.496
	这不利于我的社会交往	3.48	1.539
相反的观点	强调 M 品牌的商品给自己带来了哪些方便	4.46	1.303
	说明 M 品牌产品具有某种特定的理想属性	4.44	1.411
	表明不购买 M 品牌商品会带来哪些麻烦	3.76	1.438
	质疑这些负面信息中论证的准确性或有效性	4.45	1.266
源头克减	质疑这些负面口碑信息来源	4.52	1.311
	表示不喜欢负面口碑表达中使用的语句或措辞	4.16	1.350
支持性论据	说明购买 M 品牌商品给自己带来的麻烦	3.95	1.418
	说明 M 品牌商品的缺点和不足	4.44	1.349
	陈述替代产品具有的某种理想属性	4.33	1.263
	重申和支持这些负面口碑所提出的观点	4.18	1.350

5.2 数据质量的信度效度分析

对收集到的样本数据进行信度和效度分析，对数据质量进行评估。首先通过探索性因子分析结构效度，然后进行信度检验，测算问项的 Cronbach's α 值。具体的评价方法参考上一章。

5.2.1 效度分析

效度主要包括内容效度和结构效度，对内容效度的控制通过问卷制定时的文献综述和小规模访谈进行控制。本小节对结构效度进行检验。首先对个人品牌联结、负面口碑信息强度、负面口碑信息数量、自我威胁、防御机制和购买意愿的测量问项进行 KMO 和 Bartlett 球体检验，检验结果如表 5-3 所示。

表 5-3 KMO 和 Bartlett 的检验结果

KMO 和 Bartlett 的检验·		
KMO 值·		0.903
Bartlett 球形度检验	近似卡方·	6845.397
	df	465
	p 值	0.000

表 5-3 中显示 KMO 系数为 0.903，且 Bartlett 球体检验显著，表明样本数据适合进一步做因子分析。

对样本数据进行探索性因子分析，通过主成分分析，共提取 8 个因子，且累计解释方差为 75.064%。经过 Varimax 旋转后的因子载荷如表 5-4所示。可以看出，属于同一变量的测量项目，因子载荷量均大于 0.5，且不存在跨因子的现象。这说明测量量表具有一定的区分效度。

表 5-4 样本数据探索性因子分析结果

	成 分							
	1	2	3	4	5	6	7	8
SBC1	-0.040	0.192	0.795	0.276	0.031	0.039	0.120	0.145
SBC2	-0.094	0.116	0.826	0.258	0.008	0.020	0.150	0.117
SBC3	-0.060	0.228	0.832	0.151	0.009	0.035	0.101	0.105

续表

	成分							
	1	2	3	4	5	6	7	8
SBC4	−0. 181	0. 000	0. 627	0. 496	−0. 004	0. 041	0. 129	0. 225
WS1	0. 836	0. 212	−0. 076	−0. 154	0. 047	0. 064	−0. 081	−0. 074
WS2	0. 785	−0. 026	0. 082	−0. 103	0. 101	0. 260	0. 038	−0. 069
WS3	0. 727	0. 011	0. 025	−0. 074	0. 193	0. 233	−0. 088	−0. 036
WQ1	0. 811	0. 180	−0. 122	−0. 127	0. 046	−0. 012	0. 055	0. 010
WQ2	0. 837	0. 162	−0. 173	−0. 131	0. 109	0. 067	−0. 060	0. 030
WQ3	0. 846	0. 105	−0. 072	−0. 026	0. 048	0. 110	0. 013	−0. 064
PI1	−0. 267	−0. 107	0. 375	0. 758	−0. 039	−0. 043	0. 233	0. 206
PI2	−0. 273	0. 090	0. 397	0. 741	0. 003	−0. 074	0. 108	0. 201
PI3	−0. 162	0. 072	0. 304	0. 798	−0. 031	−0. 060	0. 212	0. 118
SPR1	0. 411	0. 208	−0. 046	−0. 078	0. 150	0. 694	0. 100	−0. 102
SPR2	0. 249	0. 322	0. 072	−0. 027	0. 136	0. 773	0. 102	0. 070
SPR3	0. 173	0. 572	0. 063	−0. 053	0. 071	0. 620	0. 080	0. 082
SPR4	0. 157	0. 593	0. 026	−0. 019	−0. 001	0. 638	0. 054	0. 088
SPR5	0. 123	0. 798	0. 102	0. 114	0. 071	0. 145	0. 060	0. 099
SPR6	0. 129	0. 764	0. 150	0. 016	0. 187	0. 252	0. 082	0. 064
SPR7	0. 181	0. 751	0. 079	0. 057	0. 200	0. 236	0. 052	0. 024
SPR8	0. 091	0. 818	0. 186	0. 017	0. 214	0. 088	0. 119	−0. 022
COU1	−0. 093	0. 161	0. 267	0. 393	−0. 018	−0. 030	0. 275	0. 665
COU2	−0. 124	0. 028	0. 265	0. 276	0. 036	0. 089	0. 176	0. 768
COU3	0. 043	0. 422	0. 382	−0. 032	0. 240	−0. 091	0. 270	0. 430
COU4	−0. 045	0. 038	0. 072	0. 179	0. 114	0. 186	0. 686	0. 364
SOU1	−0. 045	0. 058	0. 154	0. 185	0. 148	0. 081	0. 836	0. 113
SOU2	0. 007	0. 364	0. 265	0. 139	−0. 011	0. 002	0. 670	0. 027
SUP1	0. 134	0. 425	0. 140	−0. 125	0. 610	−0. 073	0. 145	−0. 005
SUP2	0. 171	0. 092	−0. 092	−0. 066	0. 781	0. 092	0. 087	−0. 121
SUP3	0. 003	0. 168	0. 193	−0. 067	0. 688	0. 085	0. 139	0. 316
SUP4	0. 199	0. 182	−0. 090	0. 172	0. 777	0. 149	−0. 059	0. 017

表 5-4 中，SBC 代表个人品牌联结，WS 代表负面口碑信息强度，WQ 代表负面口碑信息数量，PI 代表购买意愿，SPR 代表自我威胁，COU 代表相反的观点，SOU 代表源头克减，SUP 代表支持性论据。

5.2.2 信度分析

对 8 个因子进行信度分析，计算 Cronbach's α 值，结果如表 5-5 所示。对 8 个因子进行信度分析，结果显示自我威胁的 Cronbach's α 值为 0.921，防御机制中相反的观点、源头克减、支持性论据的 Cronbach's α 值分别为 0.775、0.682、0.775，购买意愿的 Cronbach's α 值为 0.923。8 个变量的 Cronbach's α 值都较大，说明具有较好的信度。

表 5-5 变量的信度评价

变量	问项数	Cronbach's α
个人品牌联结	4	0.895
负面口碑信息强度	3	0.844
负面口碑信息数量	3	0.881
自我威胁	8	0.912
相反的观点	4	0.775
源头克减	2	0.682
支持性论据	4	0.775
购买意愿	3	0.923

5.3 模型验证

5.3.1 变量操纵检验

在进行假设检验之前，有必要进行变量操控的检验，看 3 个变量是否得到了成功的操纵。本研究使用T检验的方法来验证在实验中的操纵情况。结果如表5-6显示，在“个人品牌联结”“负面口碑信息强度”“负面口碑信息数量”三个变量的两个不同操纵水平上的均值呈现出显著差异。因此，可以说本研究的实验得到了成功操纵。

表5-6　变量操纵检验结果

操纵变量	操纵水平	平均	t（p）
个人品牌联结	高	5.0438（1.00687）	63.363（0.000）
	低	3.4000（1.24500）	34.530（0.000）
负面口碑信息强度	高	4.9604（1.10672）	56.694（0.000）
	低	3.5938（1.11195）	40.881（0.000）
负面口碑信息数量	多	4.5042（1.25948）	45.236（0.000）
	少	3.8729（1.37405）	35.653（0.000）

5.3.2　假设检验

（1）研究一的假设检验

计算出不同实验组样本中因变量购买意愿的均值和标准差，结果如表5-7所示。品牌联结较高的个人的因变量均值为5.1942（0.94432），高于个人品牌联结较低的受试者均值3.8008（1.44700）；接受负面口碑信息数量少的受试者的均值为4.7673（1.15825），高于接受负面口碑信息数量较多的受试者均值4.2276（1.57303）；接受负面口碑信息强度较低的受试者均值为4.8088（1.07099），高于接受负面口碑信息强度较高的受试者的均值4.1861（1.61876）。我们进一步通过方差分析验证这些差异的显著性，结果如表5-8所示：个人品牌联结程度高、低的差异为1.3934，在统计上显著（$F=116.763$，$p<0.01$）；负面口碑信息强度高、低之间的差异为0.6227，在统计上差异显著（$F=23.317$，

p<0.01)；负面口碑信息数量两组之间的差异为 0.5394，具有统计的显著差异性（F=17.515，p<0.01）。由此可知，假设 H_1、H_3通过了统计检验。

表 5-7 消费者购买意愿的平均值和标准差

	高个人品牌联结		低个人品牌联结		合计
	负面口碑信息高强度	负面口碑信息低强度	负面口碑信息高强度	负面口碑信息低强度	
负面口碑信息数量多	5.1083 (1.13073)	5.2500 (0.87949)	2.2917 (1.12771)	4.2583 (1.02529)	4.2276 (1.57303)
负面口碑信息数量少	5.3583 (0.96192)	5.0583 (0.77308)	3.9833 (1.09636)	4.6667 (1.28768)	4.7673 (1.15825)
合计	5.2338 (1.05110)	5.1546 (0.82873)	3.1385 (1.39510)	4.4630 (1.17455)	
合计	5.1942（0.94432）		3.8008（1.44700）		

表 5-8 对购买意愿的方差分析结果

自变量	平均	自由度	均方差	F	Sig.
个人品牌联结（A）		1	155.333	116.763	0.000
高	5.1942				
低	3.8008				
负面口碑强度（B）		1	31.019	23.317	0.000
高	4.1861				
低	4.8088				
负面口碑数量（C）		1	23.301	17.515	0.000
多	4.2276				
少	4.7673				

续表

自变量	平均	自由度	均方差	F	Sig.
A＊B		1	39.403	35.977	0.000
A＊C		1	20.854	19.041	0.000
B＊C		1	14.900	13.604	0.000
A＊B＊C		1	3.518	3.212	0.074
误差		312	1.095		

下面检验各变量之间的交互作用。如图 5-1 的第一部分所示，在高个人品牌联结下，负面口碑信息强度高、低对购买意愿的均值分别为 5.2338 和 5.1546，两者之间的差距为 0.0792，在低个人品牌联结下，负面口碑信息强度高、低对购买意愿的均值分别为 3.1385 和 4.463，差距为 1.3245，这一变化在统计上是显著的（$F=35.977$，$p<0.01$），说明负面口碑强度对购买意愿的影响力会随着个人品牌联结程度的高低发生明显的变化。在个人品牌联结程度较高时，负面口碑强度对购买意愿的影响均值大于在个人品牌联结程度较低时的均值。因此，我们可以说，对于个人品牌联结较高的消费者而言，网络负面口碑强度越大其品牌购买意愿越强烈。假设 H_7 得到验证。

从图 5-1 的第二部分可以看出，在个人品牌联结程度较高时，负面口碑数量的多、少对购买意愿的均值分别为 5.1796 和 5.2087，差距为 0.0291；在个人品牌联结程度较低时，负面口碑强度的高、低对购买意愿的均值分别为 3.2756 和 4.3259，差距为 1.0503，这一变化在统计上是显著的（$F=19.041$，$p<0.01$）。这说明负面口碑数量对购买意愿的影响会随着个人品牌联结高低的不同发生明显的变化。因此，对于个人品牌联结较高的消费者而言，网络负面口碑数量越多其品牌购买意愿越强烈。假设 H_8 得到验证。

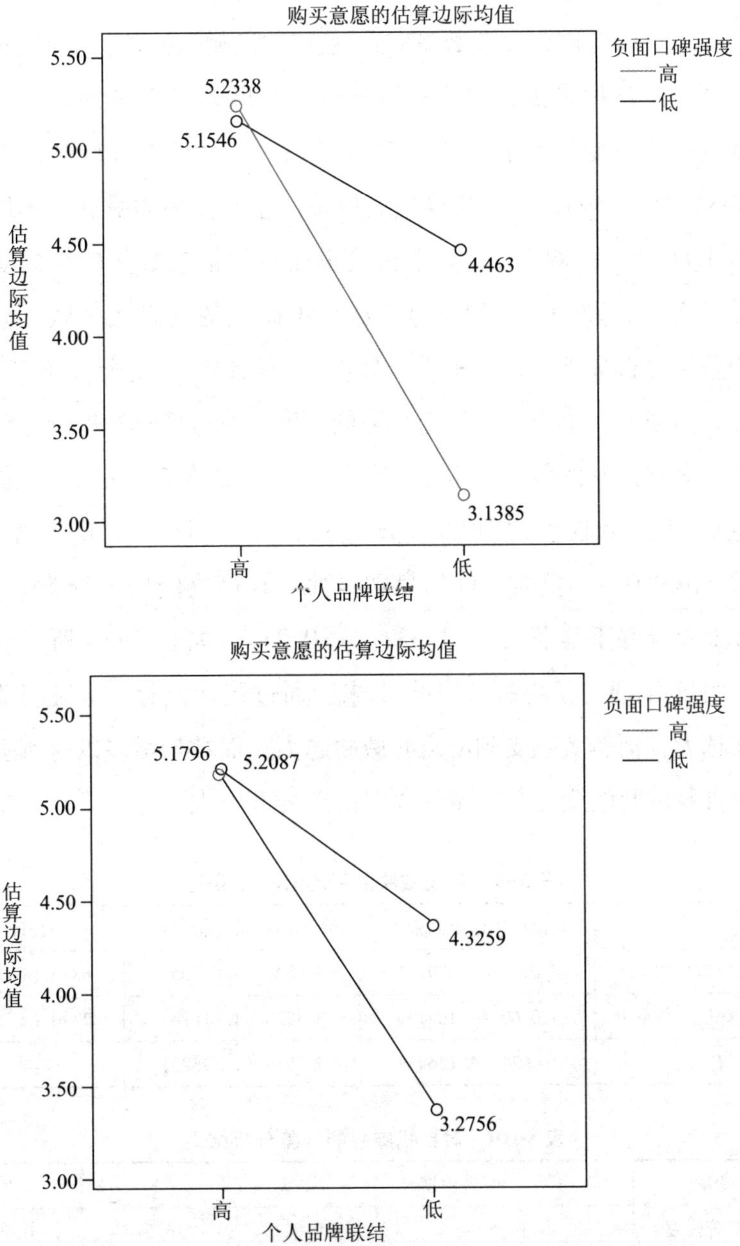

购买意愿的估算边际均值

个人品牌联结	负面口碑强度 高	负面口碑强度 低
高	5.2338	5.1546
低	3.1385	4.463

购买意愿的估算边际均值

个人品牌联结	负面口碑强度 高	负面口碑强度 低
高	5.1796	5.2087
低	3.2756	4.3259

图 5-1 负面口碑数量和强度对购买意愿在 SBC 高低水平下的影响

（2）研究二的假设检验

第一，负面口碑强度和数量对自我威胁影响的方差分析。根据样本数据，计算出自我威胁的均值和标准差。结果如表 5-9 所示，负面口碑强度较高的因变量均值为 4. 0624（1. 12645），比低强度的因变量均值 3. 5584（1. 12503）高；接受负面口碑信息数量多的受试者的因变量均值为 3. 8819（1. 06978），高于接受负面口碑信息数量较少的受试者的因变量均值 3. 7390（1. 22788）。这与本研究的假设相一致，为了验证这些差异是否显著，进行了方差分析，先将强度中得分大于等于 3. 5 的定义为高强度，小于 3. 5 的定义为低强度，对口碑数量进行与此相同的划分。对转换好的数据进行方差分析，结果如表 5-10 所示。负面口碑信息强度两个程度之间的差异为 0. 504，统计上差异显著（$F=16.572$，$p<0.01$）；负面口碑信息数量两个程度之间的差异为 0. 1429，在统计上差异并不显著（$F=1.332$，$p>0.05$），如表 5-10 所示。由此可知，假设 H_2通过了检验，假设 H_4未能通过统计检验。这说明负面口碑强度越大，消费者感受到的自我威胁越大，而数量增多以后所引起的消费者自我威胁的变化与数量较少时的差异并不大。

表 5-9　自我威胁的平均值和标准差

	负面口碑信息高强度	负面口碑信息低强度	合计
负面口碑信息数量多	4. 0789（1. 08917）	3. 6849（1. 01905）	3. 8819（1. 06978）
负面口碑信息数量少	4. 0460（1. 16919）	3. 4320（1. 21514）	3. 7390（1. 22788）
合计	4. 0624（1. 12645）	3. 5584（1. 12503）	

表 5-10　对自我威胁的方差分析结果

自变量	平均	自由度	均方差	F	P
负面口碑强度		1	20. 321	16. 572	0. 000
高	4. 0624				
低	3. 5584				

续表

自变量	平均	自由度	均方差	F	P
负面口碑数量		1	1.633	1.332	0.249
多	3.8819				
少	3.7390				
误差		312	1.228		

第二，防御机制的相关检验。提出“相反的观点”的假设检验。如表 5-11 所示，在自我威胁程度较高时，受试者提出相反观点的均值为 4.4366（0.99675），在自我威胁程度较低时，受试者提出相反观点的均值为 3.9913（1.08060），前者较大且两者之间的差异为 0.4453，差异显著（$F=11.350$，$p<0.01$）。这说明，受试者自我威胁程度越高提出相反观点的可能性就越大。假设 H_5中关于“提出相反观点”的部分得到验证，之后，本研究将验证 H_5中剩下的两个部分。

“源头克减”的假设检验。受试者在自我威胁程度较高时，采用源头克减方法的均值为 4.4902（1.11360），在自我威胁程度较低时，采用源头克减方法的均值为 4.0696（1.19371），两者之间存在着差异，且在统计上差异显著（$F=8.274$，$p<0.01$）。也就是说，消费者感知到的自我威胁程度越高，越可能采用“源头克减”的方式进行防御。假设 H_5中关于“源头克减”的部分得到验证。

“支持性论据”的假设检验。受试者在自我威胁程度较高时，采用源头克减方法的均值为 4.4793（0.94447），在自我威胁程度较低时，采用源头克减方法的均值为 3.7739（1.05391），两者之间存在着差异，且在统计上差异显著（$F=36.981$，$p<0.01$）。也就是说，消费者感知到的自我威胁程度越高，越可能采用“支持性论据”的方式进行防御。假设 H_5中关于“支持性论据”的方式也已得到验证。

由以上三部分的分析可知，消费者在感到自我威胁时，会采用相反的观点、源头克减和抵抗三种方式进行防御，并且随着自我威胁程度的升高，防御的可能性就升高。假设 H_5通过检验。

表 5-11　防御机制的方差结果

因变量	自变量	平均	标准差	自由度	均方差	F	p
相反的观点	自我威胁			1	10.623	11.350	0.001
	高	4.4366	0.99675				
	低	3.9913	1.08060				
源头克减	自我威胁			1	9.914	8.274	0.004
	高	4.4902	1.11360				
	低	4.0696	1.19371				
支持性论据	自我威胁			1	36.006	36.981	0.000
	高	4.4793	0.94447				
	低	3.7739	1.05391				

第三，防御机制对购买意愿的影响。分析还揭示了防御机制与购买意愿之间的关系，防御机制较高时的购买意愿均值为 4.6446（1.27947），较低时的购买意愿均值为 3.4963（1.78749），两者存在 1.1483 的差异，且在统计上差异显著（$F=13.404$，$p<0.01$）。也就是说，随着防御机制的增强购买意愿可能性增加。

对购买意愿进行独立样本 t 检验，结果显示，随着采用“相反的观点”进行防御的可能性增加，对购买意愿影响的均值也从 3.2731（1.59854）增加到 4.7516（1.21930），两者存在差异，并且在统计上，差异是显著存在的（$F=14.413$，$p<0.01$）。这说明，消费者采用“相反的观点”进行防御的意愿越强烈，其之后的购买意愿也会增强。采用“源头克减”方式进行防御，其程度较低时对购买意愿影响的均值

为 3. 4143（1. 83946），较高时对购买意愿影响的均值为 4. 7174（1. 18876），两者之间的差异是显著的（$F=36.930$，$p<0.01$）。这说明，消费者采用“源头克减”进行防御的意愿越强烈，其之后的购买意愿也会增强。本研究对防御机制的第三种方式也进行了统计分析，结果显示，随着采用“支持性论据”进行防御的可能性增加，对购买意愿影响的均值也从 4. 9873（1. 22807）下降到 4. 4024（1. 41979），两者存在差异，并且差异显著（$F=2.173$，$p<0.01$）。也就是说，“支持性论据”的方式对购买意愿的影响是负向的。

总的来说，随着防御机制的增强购买意愿可能性增加，其中“相反的观点”和“源头克减”这两种方式对购买意愿的影响是正向的，“支持性论据”对购买意愿的影响为负向的。假设 H_6、假设 H_{6a}、假设 H_{6b}得到支持。

第四，个人品牌联结的调节作用检验。检验调节效应时，为了避免多重共线性的问题，本研究首先对自我威胁和个人品牌联结进行中心化处理，之后进行中介效应的检验，使用 SPSS 19.0 对数据进行回归分析，结果显示，自我威胁和个人品牌联结之间的交互项（自我威胁 * 个人品牌联结）与防御机制中“提出相反的观点”之间存在正相关（$\beta=0.58$，$p<0.05$），说明个人品牌联结在自我威胁对“提出相反的观点”的影响上起到调节作用。同样的方法，用自我威胁和个人品牌联结之间的交互项（自我威胁 * 个人品牌联结）分别对防御机制中的“源头克减”和“支持性论据”进行检验，统计分析显示，自我威胁和个人品牌联结之间的交互项（自我威胁 * 个人品牌联结）与防御机制中“提出相反的观点”之间存在正相关（$\beta=0.107$，$p<0.01$），与“支持性论据”之间存在正相关（$\beta=0.077$，$p<0.01$），个人品牌联结在自我威胁对“源头克减”和“支持性论据”的影响中起调节作用。假设 H_9得到验证。

6　案例研究：海底捞负面口碑对消费者态度的影响

为了探索消费者面对企业负面口碑时的态度，该部分采用了案例研究方法。案例研究方法有利于探究事物的发展过程，解释过程背后的隐含因素，分析各个事物现象间的共同点与区别。本研究采用单案例研究方法，定性分析消费者在面对企业负面口碑时不同消费者群体所表现出的不同反应，进而为企业提供应对负面口碑的策略。

选用海底捞为案例对象的理由是：餐饮与消费者之间一直存在着紧密的联系，在中国有“民以食为天”的说法，个体消费者与餐饮品牌之间容易产生紧密的联结。海底捞作为餐饮行业的代表，其品牌得到了消费者的认同，海底捞有“餐饮第一网红”的称号，虽然出现过食物过期、操作间飞虫、工作人员操作不规范等问题，但到如今的上市在即，海底捞的这些经历对于我们的研究无疑是具有代表性和典型性的。

本研究的资料来源主要有以下两个方面：一是对海底捞创立以来公开的文书、书籍和新闻等资料的长期跟踪、收集与整理；二是 2017 年 9 月至 2018 年 7 月，通过数次走访北京、郑州、西安的门店收集到的相关资料。

6.1　海底捞的基本情况

6.1.1　海底捞简介

海底捞品牌创立于 1994 年，20 余年来，该公司在北京、上海、西

安、郑州、天津、南京、杭州、深圳、厦门、广州、武汉、成都、昆明等 57 个城市有 190 家直营餐厅，中国台湾有 2 家直营餐厅。另外，在新加坡、美国洛杉矶、韩国首尔和日本东京分别有 4 家、1 家、3 家和 1 家餐厅。

海底捞是以经营川味火锅为主、融汇各地火锅特色为一体的大型跨省直营餐饮品牌，全称为“四川省简阳市海底捞餐饮有限股份公司”。如今的海底捞已经成为一家以火锅为核心业务，以供应链、咨询和科技服务为支持业务的多元化创新企业。

海底捞现有 7 个大型现代化物流配送基地、2 个底料生产基地。7 个大型物流配送基地分别设立在北京、上海、西安、郑州、成都、武汉和东莞，以“采购规模化、生产机械化、仓储标准化、配送现代化”为宗旨，形成了集采购、加工、仓储、配送于一体的大型物流供应体系，位于郑州的底料、调料生产基地具有出口企业备案资质，通过了 ISO9001：2008 质量管理体系认证，产品通过了 HACCP 认证。

海底捞向港交所递交的招股书显示：2017 年海底捞营收总额为 106.37 亿元。海底捞的收益由 2015 年的 57.57 亿元按 35.9%的复合年增长率增至 2016 年的 78.08 亿元，并进一步增至 2017 年的 106.37 亿元；而年度利润由 2015 年的 4.12 亿元增至 2017 年的 11.94 亿元，复合年增长率为 70.5%。海底捞 2017 年在全球服务的顾客总量达到了 1.06 亿人次，在中国内地，每家门店每天平均有近 1500 人次造访。

2017 年，平均每位顾客在海底捞消费 94.6 元，而且 98.2%的人愿意再次就餐，六成顾客每月去一次，中国内地的每家餐厅平均每天有 1478 人次造访。

海底捞开店速度加快，门店数量从 2015 年的 112 家增加至 2017 年年末的 320 家，包括中国内地的 296 家餐厅以及 24 家位于境外的餐厅。2018 年计划开设 180~220 家新餐厅。餐厅贡献了超九成的收入，外卖业务收入达到2亿元。

6.1.2 海底捞的经营状况及模式

(1) 独特的服务理念

海底捞虽然是一家火锅店，但它的核心业务却不是餐饮，而是服务。海底捞遵循“服务高于一切，服务是海底捞最大的特色”的理念，注重消费者体验。

我们可以从一些消费者的口中窥探到海底捞独特的服务理念给消费者带来的良好体验。在知乎上一个“海底捞有哪些让人难忘的服务细节?”的提问收获了上千条回答。其中高票赞同的回答：海底捞门口排号的有免费瓜子，我嗑瓜子超快，一会儿就没了。门前的迎宾就又拿来一份，没事就和迎宾妹子聊。我：“瓜子免费吗？吃多少都行?”妹子：“您好，瓜子是免费的，吃完了我去给您拿。您喝水吗？我给您倒杯水。”我：“好啊！那我一会儿不吃饭走了咋办？瓜子白吃了。”妹子：“你要有事走了，那就下次再来呗。”我：“那我每次都在门口喝水吃瓜子，就不进去吃饭。”妹子：“那别人看见了，会想你看这人老来吃火锅，经常在门外排号，这家火锅一定特别好。这效果比花钱做广告好多了。瓜子才几个钱啊。”如此周到的服务真的能使顾客感受到“做上帝”的感觉，同时以信任作为回报。

“以往提起海底捞想到的是什么？人山人海的排队？无微不至的服务？难以复制的美味？关于别人，我仅仅有所耳闻，但是我记得，有一次七夕，一个人去海底捞，看着周围的人成双成对，顺嘴嘟囔了句：“为什么我老是单身狗，难道因为我姓汪？吃饭都独孤求偶!”没想到过了一会儿，服务员小妹居然送来了一个还没拆开包装的熊娃娃，听说是情人节，男友送的情人节礼物，更让我不好意思的是，居然当着我的面把包装拿下去了，说这样更真实、更有诚意……那一次，我才真真实

实地感觉到了什么才叫服务，什么才叫‘上帝’！”

一个网友说他有一次在海底捞吃完饭，要赶火车却打不到车。门口的小弟看到他带着行李箱，问了情况转身就走。结果紧接着海底捞的店长把自己的SUV开出来，说“赶紧上车吧，时间不多了”。

当然，海底捞的贴心服务还有很多。例如，在顾客等待期间，为客户提供免费美甲服务、小吃水果、各种棋牌；用餐时的服务更是贴心，眼镜布、手机防护带甚至充电宝，均可享受；为男士擦皮鞋、陪儿童做游戏……一系列的暖心举动，着实感动了无数消费者。

（2）以人为本的管理理念

善待员工。海底捞的创始人张勇认为只有当员工对企业产生认同感和归属感，才会真正快乐地去工作、用心去做事，然后再透过他们去传递海底捞的价值理念。因此，海底捞为员工租的房子全部都是正式住宅小区的两、三居室，并且都会配备有空调；考虑到路程太远会影响员工休息，规定从小区步行到工作地点不能超过20分钟；还有专人负责保洁、为员工拆洗床单；员工公寓配备有电脑；建立寄宿学校，让员工的孩子免费上学。

晋升制度。海底捞服务好的非常关键的一点就是让每个员工都能感受到公平的内部晋升机制。海底捞所有的管理者都是从最基础的岗位做起，通过内部的轮岗让员工熟悉各个岗位，针对每个员工进行相应的培训。晋升制度是海底捞服务差异化战略的核心保障。因为管理者要是没有做过服务员，再换位思考也不能完全体会服务员的压力与追求。海底捞的晋升政策除了能保障管理层洞悉服务员的冷暖，也让普通员工感到了公平，于是他们笑得自然、笑得真诚。

授权。海底捞200万元以下的开支均由副总经理负责，而他们和张勇都非亲非故。大区经理的审批权为100万元，30万元以下的店长就可以签字。海底捞的一线员工都有免单权。海底捞的一线员工如果认为有必要就可以给客户免费送一些菜，甚至有权免掉一餐的费用。在其他餐厅，这种权力起码要经理才会有。因为顾客从进店到离店始终是与服务员打交道，如果客人对服务不满意，把解决问题的权力交给一线员工，才能最大限度地消除客户的不满意。在海底捞，对于员工创新性的工作，不仅给予其足够的授权，而且给予其积极的奖励，员工的新想法一旦被公司采用，就会得到相应的奖励，比如给顾客的手机准备个塑料套以免溅上油等微创新便被迅速发现并推广起来。

考核。对于连锁企业来说，店长起着极为重要的作用。在对店长的考核上有两项指标：一是顾客的满意度；二是员工的工作积极性。关于员工工作积极性中的“员工激情”，总部会不定期地对各个分店进行检查，推行“神秘顾客计划”，检查服务中存在的问题。看员工的注意力是不是放在客人身上，看员工的工作热情和服务的效率。如果有员工没有达到要求，就要追究店长的责任，几天后再派人来检查，看员工的服务是否快速、准确、热情，是否能够马上满足顾客的要求，是否快速准确、大方得体。

（3）完善的运营体系

海底捞，一个以“好火锅自己会说话”作为唯一广告词的火锅店，“服务好”似乎是消费者一致的好评。但是，“服务好”的背后需要一系列的管理体系作支撑，其中，供应链运营体系功不可没。

第一，供应链服务体系遵循的商业逻辑。海底捞的商业模式是将成本尽量向供应链的后端移动，实现规模化管理和效益；将生产和服务相剥离，分别实现标准化和人性化管理。

第二，海底捞配送中心布局。海底捞在北京、上海、西安和郑州四地建立了配送中心，为各地门店服务，负责片区门店的“区域要货、区域配送、区域库存”的管理。

为这些配送中心提供规划、建设、管理咨询服务的美国夏晖公司，

也是麦当劳全球物流合作伙伴。配送中心以规模化的生产能力和成本管理提供了获取最大程度营业额和利润的可能。

第三，海底捞的采购管理。海底捞配送中心每天的原料进货量及生产量，都是经过各门店报送需求后，计划部门根据供应链管理系统查询到实时库存进行严格的数据分析，最终下达采购生产任务采购的。采购需求信息的高效协同与快速响应是海底捞采购管理的精髓。

第四，海底捞配送中心功能。海底捞专业化的加工配送保证了各门店菜品的标准化质量和数量，并把后厨的工作量降到最低，保证能以最快的速度上菜。同时，门店后厨面积也得以被压缩，从而得到最大的产生营业额的摆台面积。

第五，海底捞配送中心设备。以海底捞北京大兴红门配送中心为例，该中心有一套现代化的清洗、加工、检验、冷藏、冷冻设备，通过标准化的生产链条，每天向北京城的 10 家分店输送菜品。

第六，海底捞配送中心加工流程。蔬菜为例：头天下午从农户手里收购的菜品经过严格检验后入库，第二天一早由人工初步拣选后入清洗机床，蔬菜需要消毒和冲洗两遍，之后甩干并逐一检查，进行细菌含量等指标的化验，最终将合格品按照各门店的需求量装箱入冷库，当天下午由消过毒的保鲜车配送至各门店。

严格的后台标准化生产使得海底捞各门店的厨房只需要把收到的菜品拆箱，再按照所需的标准分量装盘上桌。

第七，各门店将订单通知到配送中心，配送中心便将门店所需及时送到。与各门店分别采购相比，减少了采购的入口，能在菜品源头上更好地把关，以保证食品安全。另外，规模化采购降低了采购成本，为企业贡献了更大的利润。

第八，海底捞的盘点管理。海底捞每月月底会针对仓储部和生产部进行大盘点，月中由仓储部对任意仓库进行动态盘点。盘点前需要领导批准，盘点过程中，通过 ERP 系统，实现对盘点数据的备份、打印、输出、录入，自动生成盘盈、盘亏单据，并快速生成盘点汇总数据，从而方便管理人员实时核对。

第九，海底捞目前确定了下一步的目标为完全省略门店后厨的环节，并为此设定了 1000 多个保险气体的参数，以保证完全加工好的菜品以最新鲜的状态直接到达各门店的餐桌，也就是将各门店后厨的工作陆续集约到配送中心。

6.2 海底捞负面口碑事件

2017 年 8 月 25 日上午，《法制晚报》发表了一篇《暗访海底捞：老鼠爬进食品柜、火锅漏勺掏下水道》的调查报道，将以服务好、食材干净、环境卫生闻名的海底捞推上了风口浪尖。海底捞深陷舆论旋涡。报道称，2017 年 5 月初至 7 月，记者通过面试和入职培训先后卧底了海底捞劲松店和太阳宫店。4 个月的工作时间，他发现并拍摄了海底捞存在的不少卫生问题：

①后厨多个房间出现老鼠，劲松店请除鼠公司清理过一次老鼠，但很快复发；②一边打扫卫生，一边洗碗；扫帚和簸箕不仅用来清扫地面、墙壁和下水道，还会用作清理洗碗机和储物柜；③洗碗机：簸箕和抹布会被放入里面清洗；机内只清洗表层，内部的油污并没有去除；机箱盖散发恶臭，内壁上沾满了油渍和腐烂的食物残渣，机内的蓄水池满是黄色的污水；④使用顾客用餐后的漏勺清理堵塞下水管道的垃圾杂物，漏勺使用完毕后，会被放入装餐具的锅中一起清洗。

8 月 25 日 17 时，海底捞发了一份诚恳的道歉声明："经公司调查，认为媒体报道中披露的问题属实。"最后表示，将对海底捞所有门店进行整改，并会后续公开发出整改方案，并希望所有媒体和支持海底捞的

顾客监督。

8 月 25 日 19 时，海底捞又对这一危机发布了 7 条处理通报。

①北京劲松店、太阳宫店主动停业整改，全面彻查，并聘请第三方公司，对下水道、屋顶等各个卫生死角排查除鼠。②组织所有门店立即排查，避免类似情况发生。主动向政府主管部门汇报事情调查经过及处理建议。积极配合政府监管要求，做到明厨亮灶，对现有监控设备进行硬件升级，实现网络化监控。③欢迎顾客、媒体和管理部门到海底捞门店检查监督。④迅速与第三方虫害治理公司从新技术运用以及门店设计等方面研究整改措施。⑤依据当地法律法规，同步进行严查整改。⑥涉事两家店干部和员工无须恐慌，该类事件的发生，更多的是公司深层次的管理问题，主要责任由公司董事会承担。⑦各门店应依据所在国家、地区法律法规，以及公司相关规定进行整改。

8 月 25 日下午，北京市食药监局发出申明已经对海底捞立案调查，并约谈海底捞北京地区负责人，要求海底捞北京地区所有门店 1 个月内实现后厨公开，接受社会监督。

8 月 27 日下午，海底捞官网发布《关于积极落实整改、主动接受社会监督的声明》，表示对北京食药监局的约谈内容全部接受；同时将媒体和社会公众指出的问题和建议全部纳入整改措施。

12 月 26 日，被曝光“后厨老鼠乱窜”的海底捞劲松店，在停业整顿 4 个月后开业。有记者前去调查时发现，餐厅一楼的显眼位置已经安装了一块电子屏幕，屏幕上半部分为餐厅后厨的直播画面，下半部分为海底捞的邀请函以及“诚告”。邀请函中明确表示，随时接待顾客参观，在后厨参观区域内可拍照、可摄像。诚告则是以列表的形式，对餐厅售卖产品的成分、添加剂等信息进行公示。餐厅二楼入口处也设有一块内容相同的电子屏幕，消费者可通过该屏幕以及点餐的平板电脑实时观看后厨的直播画面。进入餐厅后厨可以发现，各个操作间均较为整

洁，工作人员都穿着制服，佩戴口罩、头套工作，打扫卫生的工具也都挂上了“名称标牌”。劲松店是海底捞在北京的第三家门店，经营时间较久，后厨个别设备也存在老旧现象。事件发生后，该店在4个月的时间内进行了重新装修，目前餐厅所有设备已全部置新。

针对此前出现老鼠的现象，餐厅装修时填补了所有的缝隙，在不同区域放置了防鼠板等设备，后厨操作间的门也换成了感应门，在提防老鼠的同时也减少了工作人员开关门时对双手的污染。餐厅的新变化还体现在新制定的食品安全制度和明厨亮灶工程两方面。据门店经理龚正浩介绍，新制度总共有60多条规定，是在原有制度基础上的升级完善。每个员工每年记12分，违反不同的规定将给予不同的惩罚，扣至0分的员工按规定将予以辞退。“餐厅整改之前，后厨摄像头存在部分盲区，现在后厨摄像头已实现全面覆盖，且摄像已同步至食药监、阳光餐饮App等平台，消费者可随时观看”。

有消费者表示，以服务著称的海底捞出现重大的食品安全事故，并不能仅靠道歉、整改挽回形象。企业一旦逾越食品安全雷池，必须受到相关部门的制裁，才能起到警示作用。但也有多位接受采访的消费者表示，事件发生后企业能第一时间站出来道歉并积极改正，显示出企业还是有一定的责任感，相信整改后会做得更好。

海底捞“老鼠门”事件引发舆论哗然，将一向被视为业界标杆的海底捞拉下了“神坛”。然而“老鼠门”事件真的对海底捞造成了重创吗？事件发生4个月以来海底捞的一系列举动显示，火锅大佬并未因“老鼠门”延缓前进的步伐，甚至上演了一场“化不利为有利”的公关大戏。丑闻曝光不到4个小时，海底捞就迅速作出反应，在官方微博先后发布了致歉信与处理通报，没有半点解释推诿，一上来就坦承“问题属实”，还“感谢媒体和顾客帮助我们发现了这些问题”，并直言“这暴露出我们的管理出现了问题”。随后，海底捞又提出了“两家涉

事餐厅停业整顿”等 7 项解决措施以安抚消费者。值得一提的是，海底捞并没有把所有过错都放在员工身上，而是明确表示该类事件的发生更多的是公司深层次的管理问题。一句“这锅我背、这错我改、员工我养”，让广大网友对其好感爆棚。

6.3　不同消费者群体对负面口碑的反应

值得注意的是，在负面口碑出现之时，消费者就表现出不同的反应。《法制晚报》最初发表的《恶心！暗访海底捞：老鼠爬进食品柜，火锅漏勺掏下水道》得到了 3 万多名网友的评价；随后发布的暗访视频也得到 2 万多名网友的关注。我们对这些评价进行了查看和分析，发现其主要呈现出三个方面的趋势：一是对负面口碑表示支持，我们称其为支持性论据；二是对新闻的真假和来源表示怀疑，我们将其称为源头克减；三是出于自身体验或者信任等原因对负面口碑进行反驳，即为相反的观点。表 6-1 列出了三种不同的消费者反应。

表 6-1　三种不同的消费者反应

	网友评论
相反的观点	“可是有回我的手机掉火锅里，因为米可以吸水，把手机埋进去，我去后厨拿米，很干净的啊。” “记者卧底四个月才发现一只老鼠，相比于地沟油横行的中国餐饮业，海底捞已经是一股清流了。” “海底捞是我吃过最干净的火锅，拍了四个月才拍到这么点图片能说明什么？海底捞还是值得信任的。” “海底捞都这样，其他的怕是更差。” “4 个月才发现海底捞卫生问题，海底捞，你家的卫生简直不要太好了，白白花了记者 4 个月的时间，下次请配合下好吗，最多不能让记者浪费一个月的时间。”

续表

	网友评论
源头克减	“总觉得新闻是假的，那么在意细节的一个连锁店，怎么可能会忽略后厨这么大一个隐患呢？而且卧底 4 个月总觉得怪怪的。” “怕是有人要搞海底捞啊，我感觉海底捞是被暗算了！” “可是哪张图片看出来是海底捞了？” “说实在话，这个记者是在黑海底捞！我曾经是海底捞的供货商，店方对商户供货质量把关特严（不管是质量、规格、新鲜度等都特严），后厨整齐划一，干净利落，厨师穿着整齐，精神抖擞，这是我曾经供货的五家店给我的印象，个个店都是如此，你们说管理那么好的店能像记者说得那么糟糕吗?!”
支持性论据	“表里不一，服务再好食品安全不过关有啥用!” “我看是沟里捞了。” “我说海底捞那么干净，怎么吃了还拉肚子。” “卫生是一家餐饮企业的命脉，卫生不行，服务再好也是谋财害命!”

Ipsos（益普索）的数据显示，如果企业并未俘获消费者的信任，当企业爆出负面消息时，57%的消费在看到 1～2 条后就会相信，远高于俘获信任的 25%。海底捞作为一个品牌，在 20 多年的发展过程中，基于独特的服务理念、以人为本的经营理念和完善的运营体系，得到了消费者的认同，为企业培养了一大批忠实消费者，负面事件曝光后，消费者依然选择信任，是品牌忠诚发挥了作用。海底捞向港交所提交的招股说明书显示：98.2%的人愿意再次就餐，六成顾客每月去一次，中国内地的每家餐厅平均每天有 1478 人次造访。海底捞在 2017 年的营业收入为 106.37 亿元，与 2016 年相比增长了 28 个亿，年度利润为 11.94 亿元，复合年增长率为 70.5%。这些数据表明，此次的“老鼠门”事件并未使海底捞遭受太大的影响。

6.4　海底捞负面口碑事件的解决及启示

海底捞作为在中国有着良好声誉的火锅品牌，一直深受广大消费者的偏爱，不过即使如此，在社会化媒体环境下，在舆论口碑至上的时代，一不小心就会走下“神坛”甚至衰败灭亡。海底捞之所以能够成功地应对，有如下原因：第一，曾经积攒的良好的口碑和声望。不得不说这次成功的危机公关，海底捞以前的良好口碑起了很大的作用，在以往别的企业遇到曝光和困难时，一般的处境都是群起而攻之，铺天盖地的舆论能迅速杀死一个企业，而因为海底捞曾经良好的服务和极佳的口碑让大多数人都选择了观望事情发展的态度，从而给了海底捞足够的时间来作出应对。第二，真诚的态度。在当今社会面对问题的时候，我们见了太多推脱责任的例子，海底捞真诚的道歉以及及时地作出反应让广大群众更容易接受和同情，这成为海底捞公关成功的重要因素。第三，高质量的餐饮。无论怎么样，餐饮行业最重要的除了食品安全就是餐饮的质量，海底捞之所以被誉为国内最高品牌的火锅店是因为它高出同行业的服务质量和餐品质量，因此在平时得到了大量的支持者，从而在事件发生后能让更多人保持理性的态度。第四，完美的公关。除了自身足够强大以外，处理应急事项的方法也非常重要，此次海底捞的完美公关策略就给众人留下了很深的印象，让海底捞一步一步地走出了舆论中心。

被曝光的太阳宫海底捞和劲松海底捞经过整改重新开张了，海底捞企业目前也向港交所递交了上市申请。海底捞由于其长期以来在消费者心目中塑造了负责任的形象，与消费者之间一直保持着紧密的联结，在食品安全事件爆发之后，消费者对新闻的真实性表示了怀疑，并对海底捞继续保持信任。加之海底捞反应及时、处理得当，口碑回升迅速，并在一定程度上得到了消费者的称赞和重新认可，愿意再次就餐。企业只有培育一批忠实的消费者，才能在未来可能遇到的危机中更容易获得消费者的理解和支持，获得机会和时间去采取措施。

本章采用探索性案例研究的方法，选择拥有大量忠实消费者，同时又遭受负面口碑冲击的海底捞为研究对象，通过调查与分析，总结了企业负面口碑对消费者态度的真实影响，即负面口碑并不总是带来消极的影响，与品牌之间有紧密联结的消费者会基于自身的经验或者信任对负面口碑进行反驳（提出相反的观点），或者怀疑负面口碑的真实性和来源（源头克减）对品牌进行维护，补充完善了负面口碑理论，为企业的负面口碑管理提供参考。

7 研究结论与展望

7.1 研究结论

研究一的主要焦点是检验对于高个人品牌联结者而言，网络负面口碑对消费者购买意愿是否存在积极影响。研究发现，对于个人品牌联结程度较高的消费者而言，网络负面口碑强度具有增强品牌购买意愿的违反直觉的效果，网络负面口碑数量变化对消费者品牌购买意愿的影响并不大。此外，分析还表明，对并不熟悉的品牌或者未知品牌（个人品牌联结程度较低）而言，网络负面口碑强度和数量的变化对消费者的影响较大，这两者的增强会导致其购买意愿的下降。

研究二的焦点在于解释研究一结果产生的原因及其内在机制。包括强度和数量对自我威胁的影响、防御机制的选择和不同防御机制对购买意愿的影响三个部分。我们的研究结果显示，负面口碑信息强度越大，消费者会感受到更大的自我威胁，数量的变化对自我威胁的影响并不大。这说明相较于负面口碑的数量，负面口碑强度更容易让消费者产生自我威胁的感觉。

消费者在感到自我威胁时，将会启动防御机制进行处理。自我威胁的程度越高，启动防御机制的可能性越大。防御机制包括提出与负面口碑相反的观点、质疑负面口碑的来源和支持负面口碑的言论三种方式。其中，采用“相反的观点”和“源头克减”这两种方式进行防御对消费者的购买意愿有正向影响，而采用“支持性论据”的方式会削减消费者的购买意愿。

总之，对于个人品牌联结程度较高的消费者来说，品牌就像是他们自己一样，品牌出现网络负面口碑就像是自己受到了伤害，负面口碑强度越大，他们感受到的自我威胁程度越高，为了不使自我概念遭受到破坏，他们往往提出与负面口碑相反的观点和质疑这些负面口碑的来源来对自我进行肯定。因此，我们就看到了这样一种现象：即使网络负面口碑强度很高，但高个人品牌联结者依然会选择购买。

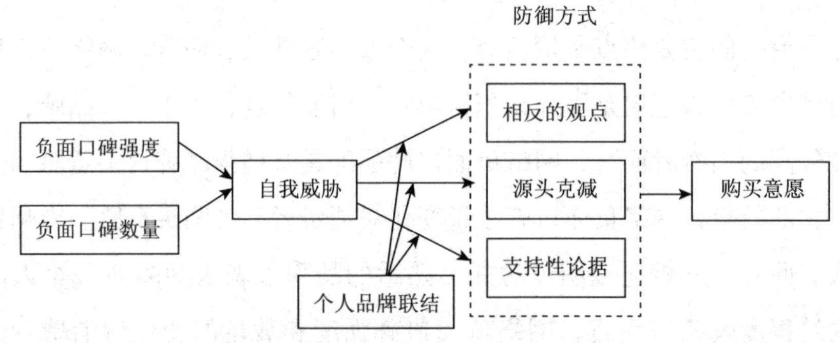

图 7-1　本研究修正后的模型

7.2　管理建议

7.2.1　增强企业品牌与消费者之间的联结

企业首先要对市场进行细分，寻找自己的目标客户，利用数据分析技术了解自己的目标客户想要表达的内容，之后对产品的定位和形象要能够满足消费者的诉求，如此才有可能与消费者之间建立起联系。

运用各种交互方式加强与消费者之间的关系，如邀请明星和网红与粉丝进行互动、意见领袖的消息发布等，可通过视频直播的方式聚焦大

量粉丝关注，对于美妆、服饰、旅游等垂直领域具有独特的影响力。通过趣味的营销方式对企业的产品进行宣传，同时也增加了品牌的曝光度。交互营销方式的实现能够加深消费者对品牌的印象，进而增强两者之间的联系。

开拓场景营销的新世界。场景营销弥补了传统营销中从营销到消费者真正有需求和购买的链条过长的问题，利用随时可能出现在消费者身边的媒体及其他服务，根据消费者所处的时间、地点、场合的不同，即时提供信息、产品或服务来满足不同场景下不同消费者即时的具体需求。一对一的沟通提高了营销的精准度，高度定制化的产品与服务能够最大限度地简化消费者获取需求的渠道，场景营销的存在能够最大限度地增强品牌与顾客之间的联结。

实施会员制度，对顾客档案进行动态管理。了解顾客需求并进行进一步挖掘，对顾客的喜好进行分析，主动向顾客推荐适合他们的商品，并适时通过电话、邮件的方式给消费者普及与产品相关的专业知识，让消费者了解一些基本的判断标准，让消费者不容易受到负面口碑的影响，增强与品牌之间的关系联结。

这些方式的实施旨在与消费者之间形成稳固的个人与品牌之间的关系，培养个人品牌联结较高的客户，不仅可以使企业形成强有力的竞争，而且当企业遇到危机时，这些高 SBC 的客户可以帮助企业化解危机。

7.2.2 对不同级别的 SBC 客户群实行分类管理

正确看待网络负面口碑的传播。大多数企业每年都会花费不菲的价钱用在网络口碑的管理上，一些企业常常不对客户群进行区分，直接删除顾客的负面评论，或者雇用水军对品牌进行吹捧。殊不知，负面口碑在一定的条件下也可能产生积极的作用。我们的研究显示，负面口碑对高 SBC 的消费者能够产生正面的影响。因此，我们应正确地看待网络负面口碑的存在，不能视其为“洪水猛兽”。

考虑到网络负面口碑对 SBC 程度较高和较低的消费者有不同的影响，我们考虑对其进行分类管理。对于高 SBC 的客户，不必过分关注他们所看到的负面口碑，即使这些负面口碑强度高、数量多也不必担心。这些负面口碑反而会增强他们的购买意愿。如果一家公司的客户主要是高 SBC 的消费者，那么可以将花费在删除负面口碑和雇用水军的资金引导到其他地方，用于增强 SBC 的品牌建设行动。对于低 SBC 的客户，优先考虑对他们可能看到的负面口碑进行管理，降低负面口碑的强度，减少负面口碑的数量，削减负面口碑带来的影响。

7.2.3 降低负面口碑信息强度而不是数量

积极回应高强度的负面口碑。我们的研究结论显示，网络负面口碑的强度会破坏消费者的自我概念，使其产生自我威胁，对消费者的购买意愿产生消极的影响。面对高强度的负面口碑，企业应放下敌视的态度，虚心接受，并给予积极回应，在一定程度上削减负面口碑的强度。一些研究显示，对于一些所言非虚的评论，企业应该以理服人；对于所言不实的言论，企业应以情动人。无论是哪种方式，企业都应展现出积极的处理态度，将处理进程透明化，与消费者之间积极互动。

7.2.4 长期的品牌管理

企业首先要建立起长期品牌管理的战略思维。品牌管理不只是品牌知名度的管理、品牌标志设计等，更是企业产品与其附加值的管理。品牌管理是站在企业的整体角度去考虑问题，对目标消费者的现时需求和潜在需求进行了解，分析他们的喜好、内心感知和他们想向外界传达的内容。在这些分析的基础上考虑建立起属于自己的品牌形象。

关注产品质量和持续不断的创新。在企业品牌的建立上新品牌关心的问题是如何进行品牌创建、品牌的形象是什么、目标消费群体有哪些。老品牌关心的问题是品牌的维护。这两者一旦确立了企业的定位之后，在相当长的时间内都会去考虑“变”还是“不变”，即使是经历了几十年甚至上百年时间的老品牌也会在这个问题上摇摆。随着历史和环境不断地变迁，目标消费者的口味、个性和追求都会发生一些变化，作为企业要关注到这些变化并作出相应的调整，在保持传统的基础上进行创新，保持企业活力。

7.3 本书的局限和展望

本研究借鉴参阅了相关专家的大量研究成果，尽管我们在尽全力做好这项研究工作，但由于时间、精力有限，很多想法未能实现，书中存在诸多不足之处需要改进。本研究的局限性主要表现在两个方面：

首先，本研究选取服装作为研究对象，具有一定的局限性。服装与酒店、日用品等其他商品和服务相比，更能体现消费者想要展现的形象、想要向外界传达的内容，在个人品牌联结的研究上具有代表性，但是，我们的结论在其他商品品类上是否适合或者是否存在一些管理上的差异，这些都需要进一步的验证。

其次，本研究采用的是情景实验法对假设进行验证，使用问卷的方式收集数据，这就造成了对被试者情景带入的效果一般，被试者在问答中容易受到自身主观因素的影响，从而导致实验结果出现偏差，未来可采用其他方法对实验结果进行验证。

附　录

网络负面口碑调查问卷（第 1 组）

尊敬的女士/先生，您好!

这是一份关于“网络负面口碑”研究的学术问卷。恳请您协助调研，您的参与对本研究能否顺利进行有重大影响。本研究之结果仅供学术研究使用，绝不作任何其他用途。请您仔细阅读并坦诚地根据个人实际情况作答。

谢谢您的合作和付出的宝贵时间，祝您身体健康!

第一部分：个人背景信息

1. 您的性别为［单选题］ *

○男

○女

2. 您的年龄为［单选题］ *

○19 岁以下

○20~29 岁

○30~39 岁

○40~49 岁

○50 岁及以上

3. 您的学历为［单选题］ *

○高中（含）以下

○本科

○硕士

○硕士以上

4. 您的职业为［单选题］ *

○党政机关、事业单位工作者

○企业/公司管理人员

○学生

○公司一般职员

○自由职业者

○个体户

○离退休人员

○无业/下岗/失业

○其他

第二部分：

请想象您正身处这样一个场景：M 品牌是一家服装品牌，您是 M 品牌的死忠粉（高度忠诚的粉丝），您认为这个品牌所传达的形象与自我形象高度一致，这个品牌无论是风格、剪裁还是面料，您都觉得非常适合自己，能体现出自己的穿衣品位。长期以来，您常常在购买衣物时将这个品牌作为首选，这个品牌就像您多年的朋友一样，您对它非常信赖。

日前，您需要购买一件针织衫，您首先看了 M 品牌的一件黑色针织衫，模特试穿搭配您非常喜欢，剪裁和材质也很满意，正是您想要的那一款。这时，您翻看了这件针织衫的评价，出现了这样的一些内容：

掌＊＊6：“非常不错，手感很柔软，炒鸡适合打底。”

小＊＊鼠：“羊毛的就是跟普通的针织不一样，虽然也是薄薄的，但是保暖性能非常好，很值得!”

叶＊＊1：“衣服特别不好，比这个价格低的都要比这个好，里面的线头真的是超级多，很失望，面料也不好，要不是因为吊牌剪了，我早就退货了。”

1＊＊7：“只穿了10分钟表面就严重起球了，全部，这个材料表面一层绒的，简直就是起球No.1，起球真的很难看。”

丁＊＊7：“买了M家衣服好几年了。发现现在价格越来越高，衣服的质量却越来越差了，这么贵的衣服，买回来那么薄，细节也没有以前的好了。”

s＊＊6：“等了10天才发货，收到衣服我妈说看颜色像是我爹的衣服……不会回购。”

j＊＊y：“客服态度差，买之前问她年前能不能发货和让她改运费，这么几句话等了两三个小时。第一次在这家店买衣服，以后不会再来买了。”

C＊＊民：“质感真的很好，柔软舒服，完全可以贴身穿，合身偏宽松的版型，可以叠穿在宽松的毛衣里，气质chic感，黑色就是很基础款，但是无敌百搭，每件都是搭配小能手。”

E＊＊l：“很喜欢，搭配卡其色、驼色系很好看，相信怡宝的质量，不扎脖子还蛮亲肤的，挺显瘦显白的，喜欢喜欢喜欢喜欢喜欢喜欢喜欢。”

雨＊＊田：“身高169体重57，买的L号，穿着很宽松。面料柔软，不扎人，穿了三四天还没出现起球的现象~保暖性还可以，很适合打底，款式简单大方。”

请根据场景设置和自己的真实感受，完成下列题目。

5. 您认为您与 M 品牌之间的关系：［矩阵单选题］ *

	完全不同意	不同意	有点不同意	一般	有点同意	同意	完全同意
M 品牌能够反映我是一个什么样的人	○	○	○	○	○	○	○
我觉得我与 M 品牌之间具有某种联系	○	○	○	○	○	○	○
我使用 M 品牌向他人表明我是谁	○	○	○	○	○	○	○
我认为 M 品牌非常适合我	○	○	○	○	○	○	○

6. 您认为 M 品牌网络负面口碑信息强度状况：［矩阵单选题］ *

	完全不同意	不同意	有点不同意	一般	有点同意	同意	完全同意
负面口碑的负面程度很高	○	○	○	○	○	○	○
负面口碑让我感到印象深刻	○	○	○	○	○	○	○
负面口碑语气是十分坚定的	○	○	○	○	○	○	○

7. 您认为 M 品牌网络负面口碑数量状况：［矩阵单选题］ *

	完全不同意	不同意	有点不同意	一般	有点同意	同意	完全同意
消费者发布了许多类似的负面口碑信息	○	○	○	○	○	○	○
M 品牌的网络负面口碑数量很多	○	○	○	○	○	○	○
负面口碑有很多人在讨论	○	○	○	○	○	○	○

8. 您的购买意愿：［矩阵量表题］ *

	完全不同意	不同意	有点不同意	一般	有点同意	同意	完全同意
我会选择再次购买 M 品牌的商品	○	○	○	○	○	○	○
我会向朋友、亲戚、同事推荐 M 品牌	○	○	○	○	○	○	○
该负面口碑改变了我对 M 品牌的看法	○	○	○	○	○	○	○

9. 看到 M 品牌的负面口碑，您的内心可能会出现一些变化，根据您的实际情况，选出最符合您想法的选项：［矩阵单选题］ *

	完全不同意	不同意	有点不同意	一般	有点同意	同意	完全同意
我会产生负面情绪	○	○	○	○	○	○	○
自己内心深处会有一种莫名的郁闷	○	○	○	○	○	○	○
这让我的内心感到烦躁和不安	○	○	○	○	○	○	○
我感到一种说不出的难受	○	○	○	○	○	○	○
这会妨碍我和同伴进行交流	○	○	○	○	○	○	○
这种情景会让我觉得很丢面子	○	○	○	○	○	○	○
这种情景让我觉得自己没有受到尊重	○	○	○	○	○	○	○
这不利于我的社会交往	○	○	○	○	○	○	○

10. 看到 M 品牌的负面口碑，您可能会：［矩阵单选题］ *

	完全不同意	不同意	有点不同意	一般	有点同意	同意	完全同意
强调 M 品牌的商品给自己带来了哪些方便	○	○	○	○	○	○	○

续表

	完全不同意	不同意	有点不同意	一般	有点同意	同意	完全同意
说明 M 品牌产品具有某种特定的理想属性	○	○	○	○	○	○	○
表明不购买 M 品牌商品会带来哪些麻烦	○	○	○	○	○	○	○
质疑这些负面信息中论证的准确性或有效性	○	○	○	○	○	○	○
质疑这些负面口碑信息的来源	○	○	○	○	○	○	○
表示不喜欢负面口碑表达中使用的语句或措辞	○	○	○	○	○	○	○
说明购买 M 品牌商品给自己带来的麻烦	○	○	○	○	○	○	○
说明 M 品牌商品的缺点和不足	○	○	○	○	○	○	○
陈述替代产品具有的某种理想属性	○	○	○	○	○	○	○
重申和支持这些负面口碑所提出的观点	○	○	○	○	○	○	○

网络负面口碑调查问卷（第2组）

尊敬的女士/先生，您好！

这是一份关于“网络负面口碑”研究的学术问卷。恳请您协助调研，您的参与对本研究能否顺利进行有重大影响。本研究之结果仅供学术研究使用，绝不作任何其他用途。请您仔细阅读并坦诚地根据个人实际情况作答。

谢谢您的合作和付出的宝贵时间，祝您身体健康！

第一部分：个人背景信息

1. 您的性别为［单选题］ *

○男

○女

2. 您的年龄为［单选题］ *

○19 岁以下

○20~29 岁

○30~39 岁

○40~49 岁

○50 岁及以上

3. 您的学历为［单选题］ *

○高中（含）以下

○本科

○硕士

○硕士以上

4. 您的职业为［单选题］＊

○党政机关、事业单位工作者

○企业/公司管理人员

○学生

○公司一般职员

○自由职业者

○个体户

○离退休人员

○无业/下岗/失业

○其他

第二部分：

请想象您正身处这样一个场景：M 品牌是一家服装品牌，您是 M 品牌的死忠粉（高度忠诚的粉丝），您认为这个品牌所传达的形象与自我形象高度一致，这个品牌无论是风格、剪裁还是面料，您都觉得非常适合自己，能体现出自己的穿衣品位。长期以来，您常常在购买衣物时将这个品牌作为首选，这个品牌就像您多年的朋友一样，您对他非常信赖。

日前，您需要购买一件针织衫，您首先看了 M 品牌的一件黑色针织衫，模特试穿搭配您非常喜欢，剪裁和材质也很满意，正是您想要的那一款。这时，您翻看了这件针织衫的评价，出现了这样的一些内容：

掌＊＊6:“非常不错，手感很柔软，炒鸡适合打底。”

小＊＊鼠：“羊毛的就是跟普通的针织不一样，虽然也是薄薄的，但是保暖性能非常好，很值得!”

尹＊＊麟:“毛衣就是薄了点，不过款式我喜欢。”

陈＊＊8：“衣服上身很舒服，也很百搭，就是黑色太爱粘毛了，

但胜在款式。”

毛 * * 程：“质量不错，保暖效果挺好，穿了几天袖口有些起球，还算满意。”

有 * * 7：“穿不出宜照片中的宽松感，不开心，一点都不时尚。”

偶 * * 曲：“发货太慢了吧，双十一订的，双十二才到，又不送优惠券。”

C * * 民：“质感真的很好，柔软舒服，完全可以贴身穿，合身偏宽松的版型，可以叠穿在宽松的毛衣里，气质 chic 感，黑色就是很基础款，但是无敌百搭，每件都是搭配小能手。”

E * * l：“很喜欢，搭配卡其色驼色系很好看，相信怡宝的质量，不扎脖子还蛮亲肤的，挺显瘦显白的，喜欢喜欢喜欢喜欢。”

雨 * * 田：“身高 169 休重 57，买的 L 号，穿着很宽松。面料柔软，不扎人，穿了三四天还没出现起球的现象~保暖性还可以，很适合打底，款式简单大方。”

请根据场景设置和自己的真实感受，完成下列题目。

5. 您认为您与 M 品牌之间的关系：［矩阵单选题］ *

	完全不同意	不同意	有点不同意	一般	有点同意	同意	完全同意
M 品牌能够反映我是一个什么样的人	○	○	○	○	○	○	○
我觉得我与 M 品牌之间具有某种联系	○	○	○	○	○	○	○
我使用 M 品牌向他人表明我是谁	○	○	○	○	○	○	○
我认为 M 品牌非常适合我	○	○	○	○	○	○	○

6. 您认为 M 品牌网络负面口碑信息强度状况：[矩阵单选题] *

	完全不同意	不同意	有点不同意	一般	有点同意	同意	完全同意
负面口碑的负面程度很高	○	○	○	○	○	○	○
负面口碑让我感到印象深刻	○	○	○	○	○	○	○
负面口碑语气是十分坚定的	○	○	○	○	○	○	○

7. 您认为 M 品牌网络负面口碑数量状况：[矩阵单选题] *

	完全不同意	不同意	有点不同意	一般	有点同意	同意	完全同意
消费者发布了许多类似的负面口碑信息	○	○	○	○	○	○	○
M 品牌的网络负面口碑数量很多	○	○	○	○	○	○	○
负面口碑有很多人在讨论	○	○	○	○	○	○	○

8. 您的购买意愿：[矩阵量表题] *

	完全不同意	不同意	有点不同意	一般	有点同意	同意	完全同意
我会选择再次购买 M 品牌的商品	○	○	○	○	○	○	○
我会向朋友、亲戚、同事推荐 M 品牌	○	○	○	○	○	○	○
该负面口碑改变了我对 M 品牌的看法	○	○	○	○	○	○	○

9. 看到 M 品牌的负面口碑，您的内心可能会出现一些变化，根据您的实际情况，选出最符合您想法的选项：[矩阵单选题] *

	完全不同意	不同意	有点不同意	一般	有点同意	同意	完全同意
我会产生负面情绪	○	○	○	○	○	○	○
我内心深处会有一种莫名的郁闷	○	○	○	○	○	○	○
这让我的内心感到烦躁和不安	○	○	○	○	○	○	○

续表

	完全不同意	不同意	有点不同意	一般	有点同意	同意	完全同意
我感到一种说不出的难受	○	○	○	○	○	○	○
这会妨碍我和同伴进行交流	○	○	○	○	○	○	○
这种情景会让我觉得很丢面子	○	○	○	○	○	○	○
这种情景让我觉得自己没有受到尊重	○	○	○	○	○	○	○
这不利于我的社会交往	○	○	○	○	○	○	○

10. 看到 M 品牌的负面口碑，您可能会：[矩阵单选题] *

	完全不同意	不同意	有点不同意	一般	有点同意	同意	完全同意
强调 M 品牌的商品给自己带来了哪些方便	○	○	○	○	○	○	○
说明 M 品牌产品具有某种特定的理想属性	○	○	○	○	○	○	○
表明不购买 M 品牌商品会带来哪些麻烦	○	○	○	○	○	○	○
质疑这些负面信息中论证的准确性或有效性	○	○	○	○	○	○	○
质疑这些负面口碑信息的来源	○	○	○	○	○	○	○
表示不喜欢负面口碑表达中使用的语句或措辞	○	○	○	○	○	○	○
说明购买 M 品牌商品给自己带来的麻烦	○	○	○	○	○	○	○
说明 M 品牌商品的缺点和不足	○	○	○	○	○	○	○
陈述替代产品具有的某种理想属性	○	○	○	○	○	○	○
重申和支持这些负面口碑所提出的观点	○	○	○	○	○	○	○

网络负面口碑调查问卷（第3组）

尊敬的女士/先生，您好！

这是一份关于“网络负面口碑”研究的学术问卷。恳请您协助调研，您的参与对本研究能否顺利进行有重大影响。本研究之结果仅供学术研究使用，绝不作任何其他用途。请您仔细阅读并坦诚地根据个人实际情况作答。

谢谢您的合作和付出的宝贵时间，祝您身体健康！

第一部分：个人背景信息

1. 您的性别为［单选题］ *

○男

○女

2. 您的年龄为［单选题］ *

○19岁以下

○20~29岁

○30~39岁

○40~49岁

○50岁及以上

3. 您的学历为［单选题］ *

○高中（含）以下

○本科

○硕士

○硕士以上

4. 您的职业为［单选题］*

○党政机关、事业单位工作者

○企业/公司管理人员

○学生

○公司一般职员

○自由职业者

○个体户

○离退休人员

○无业/下岗/失业

○其他

第二部分：

请想象您正身处这样一个场景：M 品牌是一家服装品牌，您是 M 品牌的死忠粉（高度忠诚的粉丝），您认为这个品牌所传达的形象与自我形象高度一致，这个品牌无论是风格、剪裁还是面料，您都觉得非常适合自己，能体现出自己的穿衣品位。长期以来，您常常在购买衣物时将这个品牌作为首选，这个品牌就像您多年的朋友一样，您对它非常信赖。

日前，您需要购买一件针织衫，您首先看了 M 品牌的一件黑色针织衫，模特试穿搭配您非常喜欢，剪裁和材质也很满意，正是您想要的那一款。这时，您翻看了这件针织衫的评价，出现了这样的一些内容：

掌＊＊6："非常不错，手感很柔软，炒鸡适合打底。"

小＊＊鼠："羊毛的就是跟普通的针织不一样，虽然也是薄薄的，但是保暖性能非常好，很值得！"

叶＊＊1："衣服特别不好，比这个价格低的都要比这个好，里面的线头真的是超级多，很失望，面料也不好，要不是因为吊牌剪了，我早就退货了。"

1＊＊7："只穿了10分钟表面就严重起球了，全部，这个材料表面一层绒的，简直就是起球No.1，起球真的很难看。"

s＊＊6："等了10天才发货，收到衣服我妈说看颜色像是我爹的衣服……不会回购。"

C＊＊民："质感真的很好，柔软舒服，完全可以贴身穿，合身偏宽松的版型，可以叠穿在宽松的毛衣里，气质chic感，黑色就是很基础款，但是无敌百搭，每件都是搭配小能手。"

E＊＊l："很喜欢，搭配卡其色驼色系很好看，相信怡宝的质量，不扎脖子还蛮亲肤的，挺显瘦显白的，喜欢喜欢喜欢喜欢喜欢喜欢喜欢。"

雨＊＊田："身高169体重57，买的L号，穿着很宽松。面料柔软，不扎人，穿了三四天还没出现起球的现象~保暖性还可以，很适合打底，款式简单大方。"

吴＊＊a："因为模特的搭配好看，所以两件一起买！穿起来舒服合身，看起来超有质感！推荐给大家。"

小＊＊鼠："羊毛的就是跟普通的针织不一样，虽然也是薄薄的，但是保暖性能非常好，很值得！"

请根据场景设置和自己的真实感受，完成下列题目。

5. 您认为您与M品牌之间的关系：［矩阵单选题］＊

	完全不同意	不同意	有点不同意	一般	有点同意	同意	完全同意
M品牌能够反映我是一个什么样的人	○	○	○	○	○	○	○
我觉得我与M品牌之间具有某种联系	○	○	○	○	○	○	○
我使用M品牌向他人表明我是谁	○	○	○	○	○	○	○
我认为M品牌非常适合我	○	○	○	○	○	○	○

6. 您认为 M 品牌网络负面口碑信息强度状况：[矩阵单选题] *

	完全不同意	不同意	有点不同意	一般	有点同意	同意	完全同意
负面口碑的负面程度很高	○	○	○	○	○	○	○
负面口碑让我感到印象深刻	○	○	○	○	○	○	○
负面口碑语气是十分坚定的	○	○	○	○	○	○	○

7. 您认为 M 品牌网络负面口碑数量状况：[矩阵单选题] *

	完全不同意	不同意	有点不同意	一般	有点同意	同意	完全同意
消费者发布了许多类似的负面口碑信息	○	○	○	○	○	○	○
M 品牌的网络负面口碑数量很多	○	○	○	○	○	○	○
负面口碑有很多人在讨论	○	○	○	○	○	○	○

8. 您的购买意愿：[矩阵量表题] *

	完全不同意	不同意	有点不同意	一般	有点同意	同意	完全同意
我会选择再次购买 M 品牌的商品	○	○	○	○	○	○	○
我会向朋友、亲戚、同事推荐 M 品牌	○	○	○	○	○	○	○
该负面口碑改变了我对 M 品牌的看法	○	○	○	○	○	○	○

9. 看到 M 品牌的负面口碑，您的内心可能会出现一些变化，根据您的实际情况，选出最符合您想法的选项：[矩阵单选题] *

	完全不同意	不同意	有点不同意	一般	有点同意	同意	完全同意
我会产生负面情绪	○	○	○	○	○	○	○
我内心深处会有一种莫名的郁闷	○	○	○	○	○	○	○
这让我的内心感到烦躁和不安	○	○	○	○	○	○	○

续表

	完全不同意	不同意	有点不同意	一般	有点同意	同意	完全同意
我感到一种说不出的难受	○	○	○	○	○	○	○
这会妨碍我和同伴进行交流	○	○	○	○	○	○	○
这种情景会让我觉得很丢面子	○	○	○	○	○	○	○
这种情景让我觉得自己没有受到尊重	○	○	○	○	○	○	○
这不利于我的社会交往	○	○	○	○	○	○	○

10. 看到 M 品牌的负面口碑，您可能会：[矩阵单选题] *

	完全不同意	不同意	有点不同意	一般	有点同意	同意	完全同意
强调 M 品牌的商品给自己带来了哪些方便	○	○	○	○	○	○	○
说明 M 品牌产品具有某种特定的理想属性	○	○	○	○	○	○	○
表明不购买 M 品牌商品会带来哪些麻烦	○	○	○	○	○	○	○
质疑这些负面信息中论证的准确性或有效性	○	○	○	○	○	○	○
质疑这些负面口碑信息来源	○	○	○	○	○	○	○
表示不喜欢负面口碑表达中使用的语句或措辞	○	○	○	○	○	○	○
说明购买 M 品牌商品给自己带来的麻烦	○	○	○	○	○	○	○
说明 M 品牌商品的缺点和不足	○	○	○	○	○	○	○
陈述替代产品具有的某种理想属性	○	○	○	○	○	○	○
重申和支持这些负面口碑所提出的观点	○	○	○	○	○	○	○

网络负面口碑调查问卷（第4组）

尊敬的女士/先生，您好！

这是一份关于“网络负面口碑”研究的学术问卷。恳请您协助调研，您的参与对本研究能否顺利进行有重大影响。本研究之结果仅供学术研究使用，绝不作任何其他用途。请您仔细阅读并坦诚地根据个人实际情况作答。

谢谢您的合作和付出的宝贵时间，祝您身体健康！

第一部分：个人背景信息

1. 您的性别为［单选题］ *

○男

○女

2. 您的年龄为［单选题］ *

○19岁以下

○20~29岁

○30~39岁

○40~49岁

○50岁及以上

3. 您的学历为［单选题］ *

○高中（含）以下

○本科

○硕士

○硕士以上

4. 您的职业为［单选题］＊

○党政机关、事业单位工作者

○企业/公司管理人员

○学生

○公司一般职员

○自由职业者

○个体户

○离退休人员

○无业/下岗/失业

○其他

第二部分：

请想象您正身处这样一个场景：近日，您需要购买一件针织衫，在网上浏览时看到了 M 品牌，他们家的一件黑色针织衫您觉得还不错。这时，您翻看了这件针织衫的评价，出现了这样的一些内容：

掌＊＊6："非常不错，手感很柔软，炒鸡适合打底。"

小＊＊鼠："羊毛的就是跟普通的针织不一样，虽然也是薄薄的，但是保暖性能非常好，很值得！"

叶＊＊1：" 衣服特别不好，比这个价格低的都要比这个好，里面的线头真的是超级多，很失望，面料也不好，要不是因为吊牌剪了，我早就退货了。"

1＊＊7："只穿了 10 分钟表面就严重起球了，全部，这个材料表面一层绒的，简直就是起球 No. 1，起球真的很难看。"

丁＊＊7："买了 M 家衣服好几年了。发现现在价格越来越高，衣服的质量却越来越差了，这么贵的衣服，买回来那么薄，细节也没有以前的好了。"

s＊＊6:“等了 10 天才发货，收到衣服我妈说看颜色像是我爹的衣服……不会回购。”

j＊＊y:“客服态度差，买之前问她年前能不能发货和让她改运费，这么几句话等了两三个小时。第一次在这家店买衣服，以后不会再来买了。”

C＊＊民:“质感真的很好，柔软舒服，完全可以贴身穿，合身偏宽松的版型，可以叠穿在宽松的毛衣里，气质 chic 感，黑色就是很基础款，但是无敌百搭，每件都是搭配小能手。”

E＊＊l:“很喜欢，搭配卡其色驼色系很好看，相信怡宝的质量，不扎脖子还蛮亲肤的，挺显瘦显白的，喜欢喜欢喜欢喜欢喜欢喜欢喜欢。”

雨＊＊田:“身高 169 体重 57，买的 L 号，穿着很宽松。面料柔软，不扎人，穿了三四天还没出现起球的现象~保暖性还可以，很适合打底，款式简单大方。”

请根据场景设置和自己的真实感受，完成下列题目。

5. 您认为您与 M 品牌之间的关系：［矩阵单选题］ *

	完全不同意	不同意	有点不同意	一般	有点同意	同意	完全同意
M 品牌能够反映我是一个什么样的人	○	○	○	○	○	○	○
我觉得我与 M 品牌之间具有某种联系	○	○	○	○	○	○	○
我使用 M 品牌向他人表明我是谁	○	○	○	○	○	○	○
我认为 M 品牌非常适合我	○	○	○	○	○	○	○

6. 您认为 M 品牌网络负面口碑信息强度状况：[矩阵单选题] *

	完全不同意	不同意	有点不同意	一般	有点同意	同意	完全同意
负面口碑的负面程度很高	○	○	○	○	○	○	○
负面口碑让我感到印象深刻	○	○	○	○	○	○	○
负面口碑语气是十分坚定的	○	○	○	○	○	○	○

7. 您认为 M 品牌网络负面口碑数量状况：[矩阵单选题] *

	完全不同意	不同意	有点不同意	一般	有点同意	同意	完全同意
消费者发布了许多类似的负面口碑信息	○	○	○	○	○	○	○
M 品牌的网络负面口碑数量很多	○	○	○	○	○	○	○
负面口碑有很多人在讨论	○	○	○	○	○	○	○

8. 您的购买意愿：[矩阵量表题] *

	完全不同意	不同意	有点不同意	一般	有点同意	同意	完全同意
我会选择再次购买 M 品牌的商品	○	○	○	○	○	○	○
我会向朋友、亲戚、同事推荐 M 品牌	○	○	○	○	○	○	○
该负面口碑改变了我对 M 品牌的看法	○	○	○	○	○	○	○

9. 看到 M 品牌的负面口碑，您的内心可能会出现一些变化，根据您的实际情况，选出最符合您想法的选项：[矩阵单选题] *

	完全不同意	不同意	有点不同意	一般	有点同意	同意	完全同意
我会产生负面情绪	○	○	○	○	○	○	○
我内心深处会有一种莫名的郁闷	○	○	○	○	○	○	○
这让我的内心感到烦躁和不安	○	○	○	○	○	○	○

续表

	完全不同意	不同意	有点不同意	一般	有点同意	同意	完全同意
我感到一种说不出的难受	○	○	○	○	○	○	○
这会妨碍我和同伴进行交流	○	○	○	○	○	○	○
这种情景会让我觉得很丢面子	○	○	○	○	○	○	○
这种情景让我觉得自己没有受到尊重	○	○	○	○	○	○	○
这不利于我的社会交往	○	○	○	○	○	○	○

10. 看到 M 品牌的负面口碑，您可能会：[矩阵单选题] *

	完全不同意	不同意	有点不同意	一般	有点同意	同意	完全同意
强调 M 品牌的商品给自己带来了哪些方便	○	○	○	○	○	○	○
说明 M 品牌产品具有某种特定的理想属性	○	○	○	○	○	○	○
表明不购买 M 品牌商品会带来哪些麻烦	○	○	○	○	○	○	○
质疑这些负面信息中论证的准确性或有效性	○	○	○	○	○	○	○
质疑这些负面口碑信息来源	○	○	○	○	○	○	○
表示不喜欢负面口碑表达中使用的语句或措辞	○	○	○	○	○	○	○
说明购买 M 品牌商品给自己带来的麻烦	○	○	○	○	○	○	○
说明 M 品牌商品的缺点和不足	○	○	○	○	○	○	○
陈述替代产品具有的某种理想属性	○	○	○	○	○	○	○
重申和支持这些负面口碑所提出的观点	○	○	○	○	○	○	○

网络负面口碑调查问卷（第5组）

尊敬的女士/先生，您好！

这是一份关于“网络负面口碑”研究的学术问卷。恳请您协助调研，您的参与对本研究能否顺利进行有重大影响。本研究之结果仅供学术研究使用，绝不作任何其他用途。请您仔细阅读并坦诚地根据个人实际情况作答。

谢谢您的合作和付出的宝贵时间，祝您身体健康！

第一部分：个人背景信息

1. 您的性别为［单选题］ *

○男

○女

2. 您的年龄为［单选题］ *

○19 岁以下

○20~29 岁

○30~39 岁

○40~49 岁

○50 岁及以上

3. 您的学历为［单选题］ *

○高中（含）以下

○本科

○硕士

○硕士以上

4. 您的职业为［单选题］＊

○党政机关、事业单位工作者

○企业/公司管理人员

○学生

○公司一般职员

○自由职业者

○个体户

○离退休人员

○无业/下岗/失业

○其他

第二部分：

请想象您正身处这样一个场景：M 品牌是一家服装品牌，您是 M 品牌的死忠粉（高度忠诚的粉丝），您认为这个品牌所传达的形象与自我形象高度一致，这个品牌无论是风格、剪裁还是面料，您都觉得非常适合自己，能体现出自己的穿衣品位。长期以来，您常常在购买衣物时将这个品牌作为首选，这个品牌就像您多年的朋友一样，您对他非常信赖。

日前，您需要购买一件针织衫，您首先看了 M 品牌的一件黑色针织衫，模特试穿搭配您非常喜欢，剪裁和材质也很满意，正是您想要的那一款。这时，您翻看了这件针织衫的评价，出现了这样的一些内容：

掌＊＊6："非常不错，手感很柔软，炒鸡适合打底。"

小＊＊鼠："羊毛的就是跟普通的针织不一样，虽然也是薄薄的，但是保暖性能非常好，很值得！"

陈＊＊8："衣服上身很舒服，也很百搭，就是黑色太爱粘毛了，但胜在款式。"

毛＊＊程：“质量不错，保暖效果挺好，穿了几天袖口有些起球，还算满意。”

偶＊＊曲：“发货太慢了吧，双十一订的，双十二才到，又不送优惠券。”

C＊＊民：“质感真的很好，柔软舒服，完全可以贴身穿，合身偏宽松的版型，可以叠穿在宽松的毛衣里，气质 chic 感，黑色就是很基础款，但是无敌百搭，每件都是搭配小能手。”

E＊＊l：“很喜欢，搭配卡其色驼色系很好看，相信怡宝的质量，不扎脖子还蛮亲肤的，挺显瘦显白的，喜欢喜欢喜欢喜欢喜欢喜欢喜欢。”

雨＊＊田：“身高 169 体重 57，买的 L 号，穿着很宽松。面料柔软，不扎人，穿了三四天还没出现起球的现象~保暖性还可以，很适合打底，款式简单大方。”

吴＊＊a：“因为模特的搭配好看，所以两件一起买！穿起来舒服合身，看起来超有质感！推荐给大家。”

小＊＊鼠：“羊毛的就是跟普通的针织不一样，虽然也是薄薄的，但是保暖性能非常好，很值得！”

请根据场景设置和自己的真实感受，完成下列题目。

5. 您认为您与 M 品牌之间的关系：［矩阵单选题］ ＊

	完全不同意	不同意	有点不同意	一般	有点同意	同意	完全同意
M 品牌能够反映我是一个什么样的人	○	○	○	○	○	○	○
我觉得我与 M 品牌之间具有某种联系	○	○	○	○	○	○	○
我使用 M 品牌向他人表明我是谁	○	○	○	○	○	○	○
我认为 M 品牌非常适合我	○	○	○	○	○	○	○

6. 您认为 M 品牌网络负面口碑信息强度状况：[矩阵单选题] *

	完全不同意	不同意	有点不同意	一般	有点同意	同意	完全同意
负面口碑的负面程度很高	○	○	○	○	○	○	○
负面口碑让我感到印象深刻	○	○	○	○	○	○	○
负面口碑语气是十分坚定的	○	○	○	○	○	○	○

7. 您认为 M 品牌网络负面口碑数量状况：[矩阵单选题] *

	完全不同意	不同意	有点不同意	一般	有点同意	同意	完全同意
消费者发布了许多类似的负面口碑信息	○	○	○	○	○	○	○
M 品牌的网络负面口碑数量很多	○	○	○	○	○	○	○
负面口碑有很多人在讨论	○	○	○	○	○	○	○

8. 您的购买意愿：[矩阵量表题] *

	完全不同意	不同意	有点不同意	一般	有点同意	同意	完全同意
我会选择再次购买 M 品牌的商品	○	○	○	○	○	○	○
我会向朋友、亲戚、同事推荐 M 品牌	○	○	○	○	○	○	○
该负面口碑改变了我对 M 品牌的看法	○	○	○	○	○	○	○

9. 看到 M 品牌的负面口碑，您的内心可能会出现一些变化，根据您的实际情况，选出最符合您想法的选项：[矩阵单选题] *

	完全不同意	不同意	有点不同意	一般	有点同意	同意	完全同意
我会产生负面情绪	○	○	○	○	○	○	○
我内心深处会有一种莫名的郁闷	○	○	○	○	○	○	○
这让我的内心感到烦躁和不安	○	○	○	○	○	○	○

续表

	完全不同意	不同意	有点不同意	一般	有点同意	同意	完全同意
我感到一种说不出的难受	○	○	○	○	○	○	○
这会妨碍我和同伴进行交流	○	○	○	○	○	○	○
这种情景会让我觉得很丢面子	○	○	○	○	○	○	○
这种情景让我觉得自己没有受到尊重	○	○	○	○	○	○	○
这不利于我的社会交往	○	○	○	○	○	○	○

10. 看到 M 品牌的负面口碑，您可能会：[矩阵单选题] *

	完全不同意	不同意	有点不同意	一般	有点同意	同意	完全同意
强调 M 品牌的商品给自己带来了哪些方便	○	○	○	○	○	○	○
说明 M 品牌产品具有某种特定的理想属性	○	○	○	○	○	○	○
表明不购买 M 品牌商品会带来哪些麻烦	○	○	○	○	○	○	○
质疑这些负面信息中论证的准确性或有效性	○	○	○	○	○	○	○
质疑这些负面口碑信息来源	○	○	○	○	○	○	○
表示不喜欢负面口碑表达中使用的语句或措辞	○	○	○	○	○	○	○
说明购买 M 品牌商品给自己带来的麻烦	○	○	○	○	○	○	○
说明 M 品牌商品的缺点和不足	○	○	○	○	○	○	○
陈述替代产品具有的某种理想属性	○	○	○	○	○	○	○
重申和支持这些负面口碑所提出的观点	○	○	○	○	○	○	○

网络负面口碑调查问卷（第6组）

尊敬的女士/先生，您好!

这是一份关于“网络负面口碑”研究的学术问卷。恳请您协助调研，您的参与对本研究能否顺利进行有重大影响。本研究之结果仅供学术研究使用，绝不作任何其他用途。请您仔细阅读并坦诚地根据个人实际情况作答。

谢谢您的合作和付出的宝贵时间，祝您身体健康!

第一部分：个人背景信息

1. 您的性别为［单选题］ *

○男

○女

2. 您的年龄为［单选题］ *

○19岁以下

○20~29岁

○30~39岁

○40~49岁

○50岁及以上

3. 您的学历为［单选题］ *

○高中（含）以下

○本科

○硕士

○硕士以上

4. 您的职业为［单选题］ *

○党政机关、事业单位工作者

○企业/公司管理人员

○学生

○公司一般职员

○自由职业者

○个体户

○离退休人员

○无业/下岗/失业

○其他

第二部分：

请想象您正身处这样一个场景：近日，您需要购买一件针织衫，在网上浏览时看到了 M 品牌，他们家的一件黑色针织衫您觉得还不错。这时，您翻看了这件针织衫的评价，出现了这样的一些内容：

掌 * *6："非常不错，手感很柔软，炒鸡适合打底。"

小 * *鼠："羊毛的就是跟普通的针织不一样，虽然也是薄薄的，但是保暖性能非常好，很值得!"

尹 * *麟："毛衣就是薄了点，不过款式我喜欢。"

陈 * *8："衣服上身很舒服，也很百搭，就是黑色太爱粘毛了，但胜在款式。"

毛 * *程："质量不错，保暖效果挺好，穿了几天袖口有些起球，还算满意。"

有 * *7："穿不出宜照片中的宽松感，不开心，一点都不时尚。"

偶 * *曲："发货太慢了吧，双十一订的，双十二才到，又不送优惠券。"

C ＊＊民：“质感真的很好，柔软舒服，完全可以贴身穿，合身偏宽松的版型，可以叠穿在宽松的毛衣里，气质 chic 感，黑色就是很基础款，但是无敌百搭，每件都是搭配小能手。”

E＊＊l：“很喜欢，搭配卡其色驼色系很好看，相信怡宝的质量，不扎脖子还蛮亲肤的，挺显瘦显白的，喜欢喜欢喜欢喜欢。”

雨＊＊田：“身高 169 体重 57，买的 L 号，穿着很宽松。面料柔软，不扎人，穿了三四天还没出现起球的现象~保暖性还可以，很适合打底，款式简单大方。”

请根据场景设置和自己的真实感受，完成下列题目。

5. 您认为您与 M 品牌之间的关系：［矩阵单选题］ ＊

	完全不同意	不同意	有点不同意	一般	有点同意	同意	完全同意
M 品牌能够反映我是一个什么样的人	○	○	○	○	○	○	○
我觉得我与 M 品牌之间具有某种联系	○	○	○	○	○	○	○
我使用 M 品牌向他人表明我是谁	○	○	○	○	○	○	○
我认为 M 品牌非常适合我	○	○	○	○	○	○	○

6. 您认为 M 品牌网络负面口碑信息强度状况：［矩阵单选题］ ＊

	完全不同意	不同意	有点不同意	一般	有点同意	同意	完全同意
负面口碑的负面程度很高	○	○	○	○	○	○	○
负面口碑让我感到印象深刻	○	○	○	○	○	○	○
负面口碑语气是十分坚定的	○	○	○	○	○	○	○

7. 您认为M品牌网络负面口碑数量状况：[矩阵单选题] *

	完全不同意	不同意	有点不同意	一般	有点同意	同意	完全同意
消费者发布了许多类似的负面口碑信息	○	○	○	○	○	○	○
M品牌的网络负面口碑数量很多	○	○	○	○	○	○	○
负面口碑有很多人在讨论	○	○	○	○	○	○	○

8. 您的购买意愿：[矩阵量表题] *

	完全不同意	不同意	有点不同意	一般	有点同意	同意	完全同意
我会选择再次购买M品牌的商品	○	○	○	○	○	○	○
我会向朋友、亲戚、同事推荐M品牌	○	○	○	○	○	○	○
该负面口碑改变了我对M品牌的看法	○	○	○	○	○	○	○

9. 看到M品牌的负面口碑，您的内心可能会出现一些变化，根据您的实际情况，选出最符合您想法的选项：[矩阵单选题] *

	完全不同意	不同意	有点不同意	一般	有点同意	同意	完全同意
我会产生负面情绪	○	○	○	○	○	○	○
自己内心深处会有一种莫名的郁闷	○	○	○	○	○	○	○
这让我的内心感到烦躁和不安	○	○	○	○	○	○	○
我感到一种说不出的难受	○	○	○	○	○	○	○
这会妨碍我和同伴进行交流	○	○	○	○	○	○	○
这种情景会让我觉得很丢面子	○	○	○	○	○	○	○
这种情景让我觉得自己没有受到尊重	○	○	○	○	○	○	○
这不利于我的社会交往	○	○	○	○	○	○	○

10. 看到 M 品牌的负面口碑，您可能会：[矩阵单选题] *

	完全不同意	不同意	有点不同意	一般	有点同意	同意	完全同意
强调 M 品牌的商品给自己带来了哪些方便	○	○	○	○	○	○	○
说明 M 品牌产品具有某种特定的理想属性	○	○	○	○	○	○	○
表明不购买 M 品牌商品会带来哪些麻烦	○	○	○	○	○	○	○
质疑这些负面信息中论证的准确性或有效性	○	○	○	○	○	○	○
质疑这些负面口碑信息来源	○	○	○	○	○	○	○
表示不喜欢负面口碑表达中使用的语句或措辞	○	○	○	○	○	○	○
说明购买 M 品牌商品给自己带来的麻烦	○	○	○	○	○	○	○
说明 M 品牌商品的缺点和不足	○	○	○	○	○	○	○
陈述替代产品具有的某种理想属性	○	○	○	○	○	○	○
重申和支持这些负面口碑所提出的观点	○	○	○	○	○	○	○

网络负面口碑调查问卷（第 7 组）

尊敬的女士/先生，您好！

这是一份关于“网络负面口碑”研究的学术问卷。恳请您协助调研，您的参与对本研究能否顺利进行有重大影响。本研究之结果仅供学术研究使用，绝不作任何其他用途。请您仔细阅读并坦诚地根据个人实际情况作答。

谢谢您的合作和付出的宝贵时间，祝您身体健康！

第一部分：个人背景信息

1. 您的性别为［单选题］*

○男

○女

2. 您的年龄为［单选题］*

○19 岁以下

○20~29 岁

○30~39 岁

○40~49 岁

○50 岁及以上

3. 您的学历为［单选题］*

○高中（含）以下

○本科

○硕士

○硕士以上

4. 您的职业为［单选题］ *

○党政机关、事业单位工作者

○企业/公司管理人员

○学生

○公司一般职员

○自由职业者

○个体户

○离退休人员

○无业/下岗/失业

○其他

第二部分：

请想象您正身处这样一个场景：近日，您需要购买一件针织衫，在网上浏览时看到了 M 品牌，他们家的一件黑色针织衫您觉得还不错。这时，您翻看了这件针织衫的评价，出现了这样的一些内容：

掌 * * 6："非常不错，手感很柔软，炒鸡适合打底。"

小 * * 鼠："羊毛的就是跟普通的针织不一样，虽然也是薄薄的，但是保暖性能非常好，很值得！"

叶 * * 1："衣服特别不好，比这个价格低的都要比这个好，里面的线头真的是超级多，很失望，面料也不好，要不是因为吊牌剪了，我早就退货了。"

1 * * 7："只穿了 10 分钟就表面严重起球了，全部，这个材料表面一层绒的，简直就是起球 No. 1，起球真的很难看。"

s * * 6："等了 10 天才发货，收到衣服我妈说看颜色像是我爹的衣服……不会回购。"

C * * 民："质感真的很好，柔软舒服，完全可以贴身穿，合身偏宽松的版型，可以叠穿在宽松的毛衣里，气质 chic 感，黑色就是很基础款，但是无敌百搭，每件都是搭配小能手。”

E＊＊l：“很喜欢，搭配卡其色、驼色系很好看，相信怡宝的质量，不扎脖子还蛮亲肤的，挺显瘦显白的，喜欢喜欢喜欢喜欢喜欢喜欢喜欢。”

雨＊＊田：“身高 169 体重 57，买的 L 号，穿着很宽松。面料柔软，不扎人，穿了三四天还没出现起球的现象~保暖性还可以，很适合打底，款式简单大方。”

吴＊＊a：“因为模特的搭配好看，所以两件一起买！穿起来舒服合身，看起来超有质感！推荐给大家。”

请根据场景设置和自己的真实感受，完成下列题目。

5. 您认为您与 M 品牌之间的关系：[矩阵单选题] ＊

	完全不同意	不同意	有点不同意	一般	有点同意	同意	完全同意
M 品牌能够反映我是一个什么样的人	○	○	○	○	○	○	○
我觉得我与 M 品牌之间具有某种联系	○	○	○	○	○	○	○
我使用 M 品牌向他人表明我是谁	○	○	○	○	○	○	○
我认为 M 品牌非常适合我	○	○	○	○	○	○	○

6. 您认为 M 品牌网络负面口碑信息强度状况：[矩阵单选题] ＊

	完全不同意	不同意	有点不同意	一般	有点同意	同意	完全同意
负面口碑的负面程度很高	○	○	○	○	○	○	○
负面口碑让我感到印象深刻	○	○	○	○	○	○	○
负面口碑语气是十分坚定的	○	○	○	○	○	○	○

7. 您认为 M 品牌网络负面口碑数量状况：［矩阵单选题］＊

	完全不同意	不同意	有点不同意	一般	有点同意	同意	完全同意
消费者发布了许多类似的负面口碑信息	○	○	○	○	○	○	○
M 品牌的网络负面口碑数量很多	○	○	○	○	○	○	○
负面口碑有很多人在讨论	○	○	○	○	○	○	○

8. 您的购买意愿：［矩阵量表题］＊

	完全不同意	不同意	有点不同意	一般	有点同意	同意	完全同意
我会选择再次购买 M 品牌的商品	○	○	○	○	○	○	○
我会向朋友、亲戚、同事推荐 M 品牌	○	○	○	○	○	○	○
该负面口碑改变了我对 M 品牌的看法	○	○	○	○	○	○	○

9. 看到 M 品牌的负面口碑，您的内心可能会出现一些变化，根据您的实际情况，选出最符合您想法的选项：［矩阵单选题］＊

	完全不同意	不同意	有点不同意	一般	有点同意	同意	完全同意
我会产生负面情绪	○	○	○	○	○	○	○
我内心深处会有一种莫名的郁闷	○	○	○	○	○	○	○
这让我的内心感到烦躁和不安	○	○	○	○	○	○	○
我感到一种说不出的难受	○	○	○	○	○	○	○
这会妨碍我和同伴进行交流	○	○	○	○	○	○	○
这种情景会让我觉得很丢面子	○	○	○	○	○	○	○
这种情景让我觉得自己没有受到尊重	○	○	○	○	○	○	○
这不利于我的社会交往	○	○	○	○	○	○	○

10. 看到 M 品牌的负面口碑，您可能会：[矩阵单选题] *

	完全不同意	不同意	有点不同意	一般	有点同意	同意	完全同意
强调 M 品牌的商品给自己带来了哪些方便	○	○	○	○	○	○	○
说明 M 品牌产品具有某种特定的理想属性	○	○	○	○	○	○	○
表明不购买 M 品牌商品会带来哪些麻烦	○	○	○	○	○	○	○
质疑这些负面信息中论证的准确性或有效性	○	○	○	○	○	○	○
质疑这些负面口碑的信息来源	○	○	○	○	○	○	○
表示不喜欢负面口碑表达中使用的语句或措辞	○	○	○	○	○	○	○
说明购买 M 品牌商品给自己带来的麻烦	○	○	○	○	○	○	○
说明 M 品牌商品的缺点和不足	○	○	○	○	○	○	○
陈述替代产品具有的某种理想属性	○	○	○	○	○	○	○
重申和支持这些负面口碑所提出的观点	○	○	○	○	○	○	○

网络负面口碑调查问卷（第8组）

尊敬的女士/先生，您好！

这是一份关于“网络负面口碑”研究的学术问卷。恳请您协助调研，您的参与对本研究能否顺利进行有重大影响。本研究之结果仅供学术研究使用，绝不作任何其他用途。请您仔细阅读并坦诚地根据个人实际情况作答。

谢谢您的合作和付出的宝贵时间，祝您身体健康！

第一部分：个人背景信息

1. 您的性别为［单选题］ *

○男

○女

2. 您的年龄为［单选题］ *

○19岁以下

○20~29岁

○30~39岁

○40~49岁

○50岁及以上

3. 您的学历为［单选题］ *

○高中（含）以下

○本科

○硕士

○硕士以上

4. 您的职业为［单选题］ *

○党政机关、事业单位工作者

○企业/公司管理人员

○学生

○公司一般职员

○自由职业者

○个体户

○离退休人员

○无业/下岗/失业

○其他

第二部分：

请想象您正身处这样一个场景：近日，您需要购买一件针织衫，在网上浏览时看到了 M 品牌，他们家的一件黑色针织衫您觉得还不错。这时，您翻看了这件针织衫的评价，出现了这样的一些内容：

掌 * * 6："非常不错，手感很柔软，炒鸡适合打底。"

小 * * 鼠："羊毛的就是跟普通的针织不一样，虽然也是薄薄的，但是保暖性能非常好，很值得!"

陈 * * 8："衣服上身很舒服，也很百搭，就是黑色太爱粘毛了，但胜在款式。"

毛 * * 程："质量不错，保暖效果挺好，穿了几天袖口有些起球，还算满意。"

偶 * * 曲："发货太慢了吧，双十一订的，双十二才到，又不送优惠券。"

C * * 民："质感真的很好，柔软舒服，完全可以贴身穿，合身偏宽松的版型，可以叠穿在宽松的毛衣里，气质 chic 感，黑色就是很基

础款，但是无敌百搭，每件都是搭配小能手。”

E＊＊l：“很喜欢，搭配卡其色、驼色系很好看，相信怡宝的质量，不扎脖子还蛮亲肤的，挺显瘦显白的，喜欢喜欢喜欢喜欢喜欢喜欢喜欢。”

雨＊＊田：“身高169体重57，买的L号，穿着很宽松。面料柔软，不扎人，穿了三四天还没出现起球的现象~保暖性还可以，很适合打底，款式简单大方。”

吴＊＊a：“因为模特的搭配好看，所以两件一起买！穿起来舒服合身，看起来超有质感！推荐给大家。”

请根据场景设置和自己的真实感受，完成下列题目。

5. 您认为您与M品牌之间的关系：[矩阵单选题] ＊

	完全不同意	不同意	有点不同意	一般	有点同意	同意	完全同意
M品牌能够反映我是一个什么样的人	○	○	○	○	○	○	○
我觉得我与M品牌之间具有某种联系	○	○	○	○	○	○	○
我使用M品牌向他人表明我是谁	○	○	○	○	○	○	○
我认为M品牌非常适合我	○	○	○	○	○	○	○

6. 您认为M品牌网络负面口碑信息强度状况：[矩阵单选题] ＊

	完全不同意	不同意	有点不同意	一般	有点同意	同意	完全同意
负面口碑的负面程度很高	○	○	○	○	○	○	○
负面口碑让我感到印象深刻	○	○	○	○	○	○	○
负面口碑语气是十分坚定的	○	○	○	○	○	○	○

7. 您认为 M 品牌网络负面口碑数量状况：[矩阵单选题] *

	完全不同意	不同意	有点不同意	一般	有点同意	同意	完全同意
消费者发布了许多类似的负面口碑信息	○	○	○	○	○	○	○
M 品牌的网络负面口碑数量很多	○	○	○	○	○	○	○
负面口碑有很多人在讨论	○	○	○	○	○	○	○

8. 您的购买意愿：[矩阵量表题] *

	完全不同意	不同意	有点不同意	一般	有点同意	同意	完全同意
我会选择再次购买 M 品牌的商品	○	○	○	○	○	○	○
我会向朋友、亲戚、同事推荐 M 品牌	○	○	○	○	○	○	○
该负面口碑改变了我对 M 品牌的看法	○	○	○	○	○	○	○

9. 看到 M 品牌的负面口碑，您的内心可能会出现一些变化，根据您的实际情况，选出最符合您想法的选项：[矩阵单选题] *

	完全不同意	不同意	有点不同意	一般	有点同意	同意	完全同意
我会产生负面情绪	○	○	○	○	○	○	○
自己内心深处会有一种莫名的郁闷	○	○	○	○	○	○	○
这让我的内心感到烦躁和不安	○	○	○	○	○	○	○
我感到一种说不出的难受	○	○	○	○	○	○	○
这会妨碍我和同伴进行交流	○	○	○	○	○	○	○
这种情景会让我觉得很丢面子	○	○	○	○	○	○	○
这种情景让我觉得自己没有受到尊重	○	○	○	○	○	○	○
这不利于我的社会交往	○	○	○	○	○	○	○

10. 看到 M 品牌的负面口碑，您可能会：［矩阵单选题］ *

	完全不同意	不同意	有点不同意	一般	有点同意	同意	完全同意
强调 M 品牌的商品给自己带来了哪些方便	○	○	○	○	○	○	○
说明 M 品牌产品具有某种特定的理想属性	○	○	○	○	○	○	○
表明不购买 M 品牌商品会带来哪些麻烦	○	○	○	○	○	○	○
质疑这些负面信息中论证的准确性或有效性	○	○	○	○	○	○	○
质疑这些负面口碑信息来源	○	○	○	○	○	○	○
表示不喜欢负面口碑表达中使用的语句或措辞	○	○	○	○	○	○	○
说明购买 M 品牌商品给自己带来的麻烦	○	○	○	○	○	○	○
说明 M 品牌商品的缺点和不足	○	○	○	○	○	○	○
陈述替代产品具有的某种理想属性	○	○	○	○	○	○	○
重申和支持这些负面口碑所提出的观点	○	○	○	○	○	○	○

参考文献

[1] Aaker, J. L. Dimensions of Brand Personality [J]. *Journal of Marketing Research*, 1997 (34): 347-356.

[2] Ahluwalia, R. Examination of Psychological Processes Underly-ing Resistance to Persuasion [J]. *Journal of Consumer Research*, 2000 (27): 217-232.

[3] Ahluwalia, R. How Prevalent is The Negativity Effect in Consumer Environments [J]. *Journal of Consumer Research*, 2002 (29): 270-279.

[4] Ahluwalia, R. Examination of Psychological Processes Underlying Resistance to Persuasion. [J]. *Journal of Consumer Research*, 2000 (27): 217-232.

[5] Americus Read II. Social Identity as a Useful Perspective for Self-Concept-based Consumer Research [J]. *Psychology & Marketing*, 2002, 19 (3): 235-266.

[6] Arndt, J. Role of Product—related Conversations in the Difusion of a New Product [J]. *Journal of Marketing Research*, 1967 (4): 291-295.

[7] Areni. C. S, Lutz. R. J. The Role of Argument Quality in the Elaboration Likelihood Model [J]. *Advances in Consumer Research*, 1988, 15 (1): 197-203.

[8] Andrews, C. J, Durvas. U. la. S. A, Syed, H. A Frame work for Conceptualizing and Measuring the Involvement Construct in Adverting Research [J]. *Journal of Advertising*, 1990, 19 (4): 27-40 .

[9] Baumeister, R. F. *Evil: Inside Human Violence and Cruelty* [M]. New York: W. H. Freeman &Co, Publishers, 1996.

[10] Ball, A. Dwayne and Lori H. Tasaki. The Role and Measurement of Attachment in Consumer Behavior [J]. *Journal of Consumer Psychology*, 1992, 1 (2): 155–172.

[11] Belk, Russell, W. Possessions and the Extended Self [J]. *Journal of Consumer Research*, 1988 (15): 139–68.

[12] Berger, J., & Heath, C. Where Consumers Diverge from Others: Identity Signaling and Product Domains [J]. *Journal of Consumer Research*, 2007 (34): 121–134.

[13] Berger, J., Sorensen, A. T, & Rasmussen, S. J. Positive Effects of Negative Publicity: When Negative Reviews Increase Sales [J]. *Marketing Science*, 2010, 29 (5): 815–827.

[14] Buss, A. H. *Self – Consciousness and Social anxiety* [M]. W. H. Freeman and company, 1980.

[15] Campbell, D. T., & Fiske, D. W. Convergent and Discriminant Validation by The Multitrait–multimethod Matrix [J]. *Psychological Bulletin*, 1959, 56 (2): 81–105.

[16] Campbell, Jennifer, Paul, D. Trapnell and Letham. Self–concept Clarity: Measurement, Personality Correlates and Cultural Boundaries [J]. *Journal of Personality and Social Psychology*, 1996, 70 (1): 141~156.

[17] Chen, J., Teng, L., Yu, Y, & Yu, X. The Effect of Online Information Sources on Purchase Intentions between Consumers with High and Low Susceptibility to Informational Influence [J]. *Journal of Business Research*, 2016, 69 (2): 467–475.

[18] Cheng, S. Y., White, T. B., & Chaplin, L. N. The Effects of

Self-brand Connections on Responses to Brand Failure: A New Look at The Consumer-brand Relationship [J]. *Journal of Consumer Psychology (Elsevier Science)*, 2012, 22 (2): 280-288.

[19] Cheng, Wang, Q., Xie, J. Online Social Interactions: A Natural Experiment on Word of Mouth Versus Observational Learning [J]. *Journal of Marketing Research*, 2011, 48 (2): 238-254.

[20] Cheung, C. M., & Lee, M. K. What Drives Consumers to Spread Electronic Word of Mouth in Online Consumer-opinion Platforms [J]. *Decision Support Systems*, 2012, 53 (1): 218-225.

[21] Chaudhuri, A., Holbrook, M. B. The Chain of Effects from Brand Trust and Brand Affect to Brand Performance: The Role of Brand Loyalty [J]. *Journal of Marketing*, 2001, 65 (2): 81-93.

[22] David, J. Moore and Pamela Miles Homer. Self-Brand Connections: an Exploratory Study Into Construct Validity and Gender Effects, in NA - Advances in Consumer Research Volume 31, eds. Barbara E. Kahn and Mary Frances Luce, Valdosta, G A: Association for Consumer Research, 2004: 196-197.

[23] De Carlo, Thomas. E., Laczniak, Russell, N., Motley, Carol M., Ramaswami, Sridhar. Influence of Image and Familiarity on Consumer Response to Negative Word-of-mouth Communication about Retail Entities [J]. *Journal of Marketing Theory & Practice*. 2007, 15 (1): 41-51.

[24] Dobele, A., Lind Green. A. Exploring the Nature of Value in the Word-of-Mouth Referral Equation of Health Care [J]. *Journal of Marketing Management*, 2001, 27 (3/4): 269-290.

[25] Duan, W, Gu, B. Whinston A B. Do Online Reviews Mater? - An Empirical Investigation of Panel Data [J]. *Decision Support Systems*,

2008, 45 (4): 1007-1016.

[26] Duhan, D. F., Johnson, S. D., Wilcox, J. B., & Harrell, G. D. Influences on Consumer Use of Word-of-mouth Recommendation sources [J]. *Journal of the Academy of Marketing Science*, 1997, 25: 283-295.

[27] Dunning, D. Self-image Motives and Consumer Behavior: How sacrosanct self-beliefs Sway Preferences in The Marketplace [J]. *Journal of Consumer Psychology*, 2005, 17: 237-249.

[28] East, R., Hammond, K., & Lomax, W. Measuring The Impact of Positive and Negative Word of Mouth on Brand Purchase Probability [J]. *International Journal of Research in Marketing*, 2008, 25: 215-224.

[29] Engel, James F., Roger D. Blackwell, and Robert J. Kegerreis. How Information Is Used to Adopt an Innovation [J]. *Journal of Advertising Research*, 1969, 9 (4): 3-8.

[30] Escalas, J., Bettman, J. R. You Are What They Eat: The Influence of Reference Groups on Consumers' Connections to Brands [J]. *Journal of Consumer Psychology*, 2003, 13: 339-348.

[31] Escalas JE. Narrative Processing: Building Consumer Connections to Brands [J]. *J Consumer Psychol*, 2004, 14 (1): 168-80.

[32] Escalas, J. E., Bettman, J. R. Self-construal, Reference Groups, and Brand Meaning [J]. *Journal of Consumer Research*, 2005, 32 (3): 378-389.

[33] Fishbein, M., Ajzen, I. *Understanding Attitudes and Predicting Social Behavior* [M]. New Jersey: Prentice-Hall, Englewood Cliffs, 1975.

[34] Fournier, S. Consumers and Their Brands: Developing Relationship Theory in Consumer Research [J]. *Journal of Consumer Research*, 1998, 24: 343-353.

[35] Fournier, S. , & Avery, J. The Uninvited Brand [J]. *Business Horizons*, 2011, 54 (3): 193-207.

[36] Geyskens Inge, Jan-Bendict E. M. Steenkamp, Lisa K. Scheer and Nirmal ya Kumar. The Effects of Trust and Interdependence on Relationship Commitment: A Trans-Atlantic Study [J]. *International Journal of Research in Marketing*. 1996, (13): 246-258.

[37] Gelb, B. D. , Sundaram, S. Adapting to Word of Mouth [J]. *Business Horizons*, 2002, 45 (4): 21-25.

[38] Gilbert, D. T. , Pinel E. C. , Wilson, T. D. , Blumberg, S. J. , & Wheatley, T. P. Immune Neglect: A Source of Durability Bias in Affective Fore- casting [J]. *Journal of Personality and Social Psychology*, 1998, 75 (3): 617.

[39] Godes, D. , Mayzlin, D. Using Online Conversations to Study Word-of-mouth Communication [J]. *Marketing Science*, 2004, 23 (4): 545-560.

[40] Hennig-Thurau, Thorsten, Kevin, P. Gwinner, Gianfranco, Walsh, et al. Electronic Word-of-Mouth via Consumer-Opinion Platforms: What Motivates Consumers to Articulate Themselves on the Internet? [J]. *Journal of Interactive Marketing*, 2004, 18 (1): 38-52.

[41] Herr, P. M. , Kardes, F. R. , Kim, J. Effects of Word-of-mouth and Product-attribute Information on Persuasion: An Accessibility- diagnosticity Perspective [J]. *Journal of Consumer Research*, 1991, 17 (4): 454-462.

[42] Jain, S. P. , and D. Maheswaran Motivated Reasoning: A Depth of Processing Perspective [J]. *Journal of Consumer Research*, 2000, (26): 358-371.

[43] Kamins, M. A., Assael, H. Two-sided Versus One-sided Appeals: A Cognitive Perspective on Argumentation, Source Derogation, and The Effect of Disconfirming Trial on Belief Change [J]. *Journal of Marketing Research*, 1987, 24 (1): 29-39.

[44] Khammash, M., Griffiths, G. H. Arrivederci CIAO. com, Buongiorno Bing. com—Electronic word-of-mouth (eWOM), antecedences and consequences [J]. *International Journal of Information Management*, 2011, 31 (1): 82-87.

[45] Kowalski, R. Whining Griping and Complaining: Positivity in the Negativity [J]. *Journal of Clinical Psychology* [*Serial Online*], 2002, September, 58 (9): 1023.

[46] Krosnick, J. A., Berent, M. K., Boninger, D. S., Yao C., C., & Carnot, C. G. Attitude Strength: One Construct or Many Related Constructs? [J]. *Journal of Personality & Social Psychology*, 1993, 65 (6): 113 2-1151.

[47] Krosnick, J. A., Boninger, D. S., Chuang, Y. C., Berent, M. K., Carnot, C. G. Attitude Strength: One Construct or Many Related Constructs [J]. *Journal of Personality and Social Psychology*, 1993, 65: 1132-1151.

[48] Kumar, V., Choi, J. B., Greene, M. Synergistic Effects of Social Media and Traditional Marketing on Brand Sales: Capturing The Time-varying Effects [J]. *Journal of the Academy of Marketing Science*, 2016, forthcoming.

[49] Laczniak, R. N., De Carlo, T. E., Ramaswami, S. N. C onsumers' Responses to Negative Word-of-mouth Communication: An Attribution Theory Perspective [J]. *Journal of Consumer Psychology*, 2001,

(11): 57-73.

[50] LEE, E. J. De Individuation Effects on Group Polarization in Compute r-Mediated Communication: The Role of Group Identification, Public-Self-Awareness and Perceived Argument Quality [J]. *Journal of Communication*, 2007, 57 (3): 385-403.

[51] Lee, J., Park, D., & Han, I. The Effect of Negative Online Consumer Reviews on Product Attitude: An Information Processing View [J]. *Electronic Commerce Research & Applications*, 2008, 7 (3): 341-352.

[52] Levine, Eric Michaei, D. S. W. Communities in Conflict: Social and Religious Movements in Jewish life [D]. Yeshiva University, 1994: 413.

[53] Liberman, A., & Chaiken, S. Defensive Processing of Personally Relevant Health Messages [J]. *Personality and Social Psychology Bulletin*, 1992 (18): 669-679.

[54] Liu, Y. Word of Mouth for Movies: Its Dynamics and Impact on Box Office Revenue [J]. *Journal of Marketing*, 2006, 70 (3): 74-89.

[55] Li, F., Zhou, N., Kashyap, R., Yang, Z. Brand Trust as A Second Order Factor : An Alternative Measurement Model [J]. *International Journal of Market Research*, 2008, 50 (6): 817-839.

[56] Max ham, J. G. Service Recovery's Influence on Consumer Satisfaction, Positive Word-of-Mouth, and Purchase Intentions [J]. *Journal of Business Research*, 2001, 54 (1): 11-24.

[57] Miller, Dale T., Ross, Michael. Self-serving Biases in The Attribution of Causality: Fact or Fiction [J]. *Psychological Bulletin*, 1975, (82): 213-225.

[58] Newman, P. J. An Investigation of Consumer Reactions to Negative Word-of-Mouth on the Internet [D]. Doctor of Philosophy Disser-

tation, University of Illinois at Urbana, 2003.

[59] Petty, R. E., Cacioppo, J. T., & Schumann, D. Central and Peripheral Routes to Advertising Effectiveness: The Moderating Role of Involvement [J]. *Journal of Consumer Research*, 1983, 10 (2): 135-146.

[60] Petty, R. E., Cacioppo, J. T. Effects of Forewarning of Persuasive Intent and Involvement on Cognitive Responses and Persuasion [J]. *Personality and Social Psychology Bulletin*, 1979, 5: 173-176.

[61] Richins, Marsha L. Valuing Things: The Public and Private Meanings of Possessions [J]. *Journal of Consumer Research*, 1994, (21): 504-521.

[62] Roy F Baumeister, Dawn Dhavale, Dianne M Tice. "Responding to Major Threats to Self-esteem: A Preliminary, Narrative Study of ego shock" [J]. *Journal of Social and Clinical Psychology*, 2003, New York Feb, Vol. 22, Iss.

[63] Schlenker, Barry R. *Impression Management: The Self-concept, Social Identity, and Interpersonal Relations* [M]. *Monterey, CA: Brooks/Cole*, 1980.

[64] Sedikides, C., Gregg, A. P. Self-enhancement: Food for Thought [J]. *Perspectives on Psychological Science*, 2008, (3): 102-116.

[65] Sirgy, M. J. Self-Concept in Consumer Behavior: A Critical Review [J]. *Journal of Consumer Research*, 1982, (9): 287-300.

[66] Spiller, S. A., Fitzsimons, G. J., Lynch, J. G., Jr., McClelland, G. H. Spotlights, Floodlights, and The Magic Number Zero: Simple Effects Tests in Moderated Regression [J]. *Journal of Marketing Research*, 2013, 50: 277-288.

[67] Steele, C. M. The Psychology of Self-affirmation: Sustaining The

Integrity of The Self [J]. *Advances in Experimental Social Psychology*, 1988, (21): 261-302.

[68] Tax, Stephen S., Stephen W. Brown, and Murali, Chandrashekaran. Customer Evaluations of Service Complaint Experiences: Implications for Relationship Marketing [J]. *Journal of Marketing*, 1998, 60 (4): 60-76.

[69] Tuten, T. L., Solomon, M. *Social Media Marketing* (*2nd ed.*) [M]. Los Angeles: Sage, 2015.

[70] Verhagen, T., Nauta, A., Feldberg, F. Negative Online Word-of-mouth: Behavioral Indicator or Emotional Release [J]. *Computers in Human Behavior*, 2013, 29 (4): 1430-1440.

[71] Wilson, A., Giebelhausen, M., & Brady, M. Negative Word of Mouth Can be A Positive for Consumers Connected to The Brand [J]. *Journal of The Academy of Marketing Science*, 2017, 45 (4): 534-547.

[72] Wilson, T. D., Hodges, S. D. *Attitudes as Temporary Constructions* [M]. NJ: Lawrence Edbaum Associates, 1992: 36-65.

[73] Whitler, K. A. Why Word of Mouth is The Most Important Social Media [J]. *Forbes*, July 17, 2014.

[74] Wright, P. L. The Cognitive Processes Mediating Acceptance of Advertising [J]. *Journal of Marketing Research* (*JMR*), 1973, 10 (1): 53-62.

[75] Yang, J., & Mai, E. Experiential Goods with Network Externalities Effects: An Empirical Study of Online Rating System [J]. *Journal of Business Research*, 2010, 63 (9/10): 1050-1057.

[76] Zaic Hkowsky, J. L. Measuring the Involvement Construct [J]. *Journal of Consumer Research*, 1985, 12 (3): 341-352 .

[77] ZeithamlV. A., Berry, L. L., Parasuraman, A. The Behavioral Consequences of Service Quality [J]. *Journal of Marketing*, 1996, 60: 31-47.

[78] 毕继东. 负面网络口碑对消费者行为意愿的影响研究 [D]. 济南：山东大学，2010.

[79] 蔡淑琴，王伟，张伟，崔晓兰. 网络负面口碑传播意愿的影响因素实证分析 [J]. 统计与决策，2016 (1).

[80] 陈蓓蕾. 基于网络和信任理论的消费者在线口碑传播实证研究 [D]. 杭州：浙江大学，2008.

[81] 高科，李琼，黄希庭. 自我控制的能量模型：证据、质疑和展望 [J]. 心理学探新，2012，32 (2)：110-115.

[82] 龚玲. 网络口碑对受者品牌态度的影响 [D]. 厦门：厦门大学，2007.

[83] 郭国庆，杨学成，张杨. 口碑传播对消费者态度的影响：一个理论模型 [J]. 管理评论，2007 (3)：20-26.

[84] 戢芳，周庭锐，尹训国. 负面网络口碑特征对消费者品牌态度变化的影响——信息易获得性与诊断力理论视角 [J]. 财经论丛，2013 (5)：95-99.

[85] 金立印. 网络口碑信息对消费者购买决策的影响：一个实验研究 [J]. 经济管理，2007 (22)：36-42.

[86] 刘中刚. 口碑类型与发送者身份信息对图书网络双面口碑效果的影响 [J]. 出版科学，2015，23 (3)：70-73.

[87] 黎小林. 负面口碑对顾客购买意愿的影响 [J]. 科技经济市场，2007，11 (4)：268-269.

[88] 李慧. 负面口碑对酒店顾客购买决策的影响研究 [D]. 杭州：浙江大学，2008.

[89] 宋晓兵，丛竹，董大海. 网络口碑对消费者产品态度的影响

机理研究［J］. 管理学报，2011（4）：559-566.

［90］宋亚非，王秀芹. 负面口碑对购买意愿的影响分析——基于传统口碑与网络口碑的对比［J］. 财经问题研究，2011（12）：2-27.

［91］孙春华，刘业政. 网络口碑对消费者信息有用性感知的影响［J］. 情报杂志，2009，28（10）：51-63.

［92］孙春华，刘业政. 网络口碑信息可信度的实验研究［J］. 财经论丛，2009（4）：96-102.

［93］陶蕾，刘益，张志勇. 态度承诺对关系价值影响作用的实证研究［J］. 商业经济与管理，2008（1）：52-63.

［94］陶晓波，宋卓昭，张欣瑞，吕一林. 网络负面口碑对消费者态度影响的实证研究——兼论企业的应对策略［J］. 管理评论，2013（3）：101-110.

［95］汪旭晖，王军. 网络口碑如何影响电影票房——中国电影"高票房低口碑"现象反思［J］. 湖南师范大学社会科学学报，2015，44（2）：152-160.

［96］王长征，周学春. 象征型品牌的效应——从意义到忠诚［J］. 管理科学，2011，24（4）：41-53.

［97］王若，刘延伟. 海底捞对突发事件的成功应对［J］. 中国管理信息化，2018，21（17）：82-83.

［98］许玉，宗乾进，袁勤俭，朱庆华. 微博负面口碑传播研究［J］. 情报杂志，2012，（7）：6-10.

［99］杨学成，肖彦，王林旭. 微博负面口碑对消费者内隐品牌态度的影响［J］. 经济管理，2016，38（10）：114-124.

［100］张晓飞，董大海. 网络口碑传播机制研究述评［J］. 管理评论，2011（2）：88-92.

索 引